W0395108

Hermann-Josef Zoche

Heiliger Strohsack!

Un-erhörte Ansichten eines Landpfarrers

HERMANN-JOSEF ZOCHE

Heiliger Stroh-sack!

Un-erhörte Ansichten eines Landpfarrers

benno

Bibliografische Information der Deutschen Nationalbibliothek
Die Deutsche Nationalbibliothek verzeichnet diese Publikation in der Deutschen Nationalbibliografie; detaillierte bibliografische Informationen sind im Internet über http://dnb.d-nb.de abrufbar.

Textnachweis:
S. 121: Aus: Lothar Zenetti, Auf Seiner Spur. Texte gläubiger Zuversicht © Matthias Grünewald Verlag. Verlagsgruppe Patmos in der Schwabenverlag AG, Ostfildern 2011. www.verlagsgruppe-patmos.de

S. 123.: Textauszug aus: Thomas Brasch, Der Papiertiger, in: ders., Die nennen das Schrei. Gesammelte Gedichte. © Suhrkamp Verlag Berlin 2013.

Besuchen Sie uns im Internet:
www.st-benno.de

Gern informieren wir Sie unverbindlich und aktuell auch in unserem Newsletter zum Verlagsprogramm, zu Neuerscheinungen und Aktionen. Einfach anmelden unter www.st-benno.de

ISBN 978-3-7462-5590-3

© St. Benno Verlag GmbH, Leipzig
Umschlaggestaltung und Fotografie: Ralf Hindsches,
ALPGAUER Kreation.Umsetzung, Berau/Südschwarzwald
Gesamtherstellung: Kontext, Dresden (A)

Inhalt

Mit Gottvertrauen geht's weiter – Von Stolpersteinen und Seelenpflastern

Pfarrer ist ein wunderbarer Beruf – Trotz allem

Mensch, ärgere dich nicht – Kirche, verändere dich!

Geleitwort

Der Schriftsteller Georges Bernanos schildert in dem Klassiker „Tagebuch eines Landpfarrers“ aus dem Jahr 1936 einen einsamen Pfarrer, der in seinem tiefgehenden Tagebuch Einblicke in seine körperliche und geistige Verfassung notiert. Er schreibt über seine Zweifel und Zerrissenheit, sein Ringen um die richtige Weise der Verkündigung, seine Trostlosigkeit und Einsamkeit, aber auch über seine Hoffnung und sein Glück. Bernanos zeichnet in der Hauptfigur einen fast schwermütigen, einsamen Pfarrer, der letztlich mit seiner Botschaft scheitert und vor seinem frühen Tod doch die Worte sprechen kann: „Alles ist Gnade.“

Ganz anders sind die Aufzeichnungen von Pater Hermann-Josef Zoche in dem hier vorliegenden Büchlein. Auch er ist Landpfarrer, auch er macht sich Gedanken, auch er verheimlicht nicht, dass es bittere und enttäuschende Erfahrungen gibt. Aber Pater Hermann-Josef Zoche gelingt es, mit bewegenden Schilderungen, spirituellen Einsichten und ganz persönlichen Erlebnissen dem Leser von der tragenden Kraft des Glaubens Zeugnis zu geben.

In einer Zeit, in der Kritik an der Kirche weit verbreitet und fast allgemein üblich geworden ist, gibt das vorliegende Buch vielen Menschen die Gelegenheit, auch einmal hinter die Kulissen zu schauen und das wahrzunehmen, was einen Priester bewegt, was ihm begegnet und womit er sich auseinanderzusetzen hat. Freilich liefert solch ein Buch nur einen kleinen und zwangsläufig subjektiven Einblick.

Ich wünsche allen Lesern, dass sie für ihren persönlichen Glauben Stärkung und Impulse aus dem Buch bekommen und dass das persönliche Zeugnis, das Pater Hermann-Josef Zoche gibt, sie selbst zu einem hoffnungsvollen Glauben führt, damit am Ende die trostvolle Gewissheit bleibt, dass alles Gnade ist.

Bischof Heiner Wilmer, Hildesheim

Vorwort: Strohsack, Schneeschaufel und ein ganz besonderer Heiliger

Ein bedeutender Heiliger ist seit Jahrhunderten überall in der Kirche gegenwärtig. Jeder, vom Bischof bis hin zum einfachen Gemeindemitglied, kennt ihn. Kein Gläubiger ist da, der nicht schon mit ihm zu tun hatte. Er ist einer der bedeutendsten Heiligen der katholischen Kirche. Viele verehren ihn, ohne dass sie ihn genau kennen. Über sein Leben ist wenig bekannt. Aber sein Wirken ist überall spürbar. Unzählige Menschen, vor allem kirchliche Mitarbeiter, handeln nach seinem Vorbild. Sie kennen ihn kaum und doch werden sie von ihm begleitet. Er sitzt still in den Büros und Amtsstuben der Kirchenführung. Er ist gegenwärtig in den Pfarrbüros und den katholischen Gremien, Räten und Ausschüssen. Er ist still anwesend in den Rechnungsstellen und in den Haupt- und Verwaltungsabteilungen der bischöflichen Ordinariate. Von seinem Wesen her hat er eine besondere Vorliebe für alles, was sich mit der Zukunft und Veränderungen in der Kirche befasst.
Man fragt sich immer wieder, wie es ein so unscheinbarer Heiliger geschafft hat, so unendlich vielen Menschen ein Vorbild zu sein. Manchmal sind es auch ganze Gemeinden, die mit diesem Heiligen leben, die sich auf ihn berufen und ihn – auch wenn sie es selber nicht merken – zum Vorbild haben.
Es ist kein Heiliger, der – wie Franziskus – zu den Tieren gepredigt hat, keiner, der mit Galeeren in die Ferne gefahren ist, um fremde Völker zu missionieren, kein

Heiliger, der – wie die hl. Katharina von Siena – sich mit Päpsten angelegt und mit Königen gestritten hat. Er hat nicht – wie Thomas Morus – im feuchten Kerker des Towers gesessen und auf den Tod gewartet, man hat ihn nicht gemartert, hat ihm nicht bei lebendigem Leib die Haut abgezogen, in siedendem Öl gekocht, gerädert oder ertränkt. Keine Kirche, nicht die kleinste Kapelle ist ihm geweiht. Alles Spektakuläre ist ihm fremd. Er liebt die Stille, den Staub und den Geruch von altem Papier. Er liebt die welligen Seiten alter Aktenordner, Stockflecken und die vergilbten Stapel. Sein Name ist: Sankt Nimmerlein. Er ist der Patron der nie gefällten Entscheidungen und der Fürsprecher all jener, die zögern, zaudern und sich winden. Er wird als Beistand angerufen gegen die Macher, die den Mut haben, Entscheidungen zu treffen und etwas zu verändern. Er gilt als Beschützer vor denen, die im Sturme nicht schwanken und die ein klares Wort nicht scheuen. Sein Gedenktag ist der 30. Februar – ein Tag, der niemals eintritt.
Als Attribut trägt er in der einen Hand einen großen Schieber in Form einer Schneeschaufel. Sie ist ein Symbol dafür, dass seine Fürsprache bei schweren Entscheidungen gesucht wird, auf dass mit seiner Hilfe weitreichende Beschlüsse und schmerzhafte Änderungen vor sich hergeschoben werden können.
In der anderen Hand hält er einen Strohsack als Zeichen für seine Bescheidenheit und Genügsamkeit. Wie alle großen Heiligen braucht er nicht viel. Ihm reicht ein strohgefüllter Sack, auf den er seinen Körper bettet, während sein Haupt auf Papieren, Zeugnissen, Dokumenten, Vorschriften und Formularen ruht.
Manchmal wird auch sein bescheidenes Ruhekissen, der Strohsack, selbst als heilig bezeichnet. Spötter sagen,

der heilige Strohsack sei der einzige Heilige, der keine Arme und keine Beine hat.
Der heilige Strohsack, das Ruhekissen von Sankt Nimmerlein, wird vor allem als Ausdruck der Verwunderung und des Erstaunens verwendet. Weil es so unglaublich ist, was St. Nimmerlein alles bewirkt, indem er es verhindert, gilt sein Strohsack aber vor allem als Symbol für den Ausruf: Das darf doch nicht wahr sein!
Weil ich im Laufe meiner über 30 Jahre als Pfarrer schon so oft über diesen Strohsack gestolpert bin, habe ich ihm dieses Buch gewidmet. Es beinhaltet Begebenheiten und Gedanken aus vielen Begegnungen, Gesprächen und Beobachtungen.
Die Texte spiegeln Gedanken wider, die ich mir mache, aber ebenso auch meine Ratlosigkeit und Zweifel, sie bestehen aus theologischen und weltlichen Einsichten, aus biblischen Inspirationen und alltäglichen Begebenheiten.
Es ist am Ende ein sehr persönliches Buch geworden. Niemand muss die Dinge, die hier niedergeschrieben sind und reflektiert werden, genauso sehen. Sie sind ein Zeugnis und geben einen winzig kleinen Einblick in das, was mir in all den Jahren begegnet ist, womit ich mich auseinandersetzten musste, was mich bewegt und umtreibt, was von mir verlangt und erwartet wurde und wird.
Jeder, der dieses Buch zur Hand nimmt, könnte sicherlich eine Menge ergänzen. Mein Wunsch ist, dass es dazu anregt, die Schneeschaufel des Vor-Sich-Herschiebens zur Seite zu legen und stattdessen mit der Mistgabel des missionarischen Neuaufbruchs dem Stroh in unserer Kirche zu Leibe zu rücken.

Pfarrer, Laien und Gemeinde – Herr, schenke Herz und Humor!

Palmsonntag – Wie man den Gottesdienstbesuch steigern kann

Vor mehr als 20 Jahren hatte ich an Palmsonntag eine Vertretung in einem unser umliegenden Dörfer. Wie üblich an Palmsonntag begann der Gottesdienst aber nicht in der Pfarrkirche, sondern in Erinnerung an den Einzug Jesu in Jerusalem an der Dorfhalle. Von dort begleitete die Blasmusik die Gläubigen in einer Art Nachstellung des Triumphzuges Jesu – bei dem die Menschen dem Messias zuriefen: „Hosianna, dem Sohne Davids" – zur Kirche. Es war ein feierlicher Akt. Die Musiker waren alle pünktlich in ihren Uniformen erschienen und spielten ein oder zwei festliche Lieder. Die Ministranten waren in ihre schönen, bunten Gewänder gekleidet, der Pfarrer in einem leuchtend roten Priestergewand. Die Gläubigen folgten dem prächtigen Zug und hatten kleine Palmwedel in der Hand. Bei der Kirche angekommen stellten die Musiker ihre Instrumente im Vorraum ab. Allerdings gingen sie dann nicht zur Messe in die Kirche, sondern verschwanden nach altem Brauch geschlossen in die Dorfwirtschaft.
Es folgte die Feier in der Kirche. Diese ist an Palmsonntag immer relativ lang, weil die gesamte Passionsgeschichte verlesen wird.
Ich erinnere mich genau, wie unmöglich ich es fand, dass die Musiker allesamt in der Dorfwirtschaft verschwunden

waren und niemand von ihnen beim Gottesdienst war. Da kam mir eine Idee. Ich wusste, dass sie nach der Messe wieder auftauchen und noch ein Platzkonzert geben würden. Also habe ich die Feier ziemlich stramm durchgezogen. Ich habe gekürzt, wo Kürzungen möglich waren (Kurzform der Passion, ganz kurze Predigt, zweites Hochgebet, weil es am kürzesten ist), ohne jedoch in Hektik zu verfallen. Ich wollte die Gläubigen – die Kirche war sehr voll – nicht irritieren. Nach etwa 50 Minuten war alles rum. Es gab einen feierlichen Auszug. Der Messner stürzte vor den Ministranten her, riss die beiden großen Flügeltüren auf, dabei fiel die große Pauke um, das Becken schepperte, denn natürlich waren die Musiker noch gar nicht wieder aufgetaucht. Sie saßen in feuchtfröhlicher Runde beieinander und nach etwa einer Stunde schickten sie irgendeinen kleinen Jungen zur Kirche hoch, um einmal nachzuschauen, wie weit der Pfarrer sei, um abschätzen zu können, wann sie für das Platzkonzert wieder da sein müssten. Der Kleine muss kreidebleich und mit schlotternden Knien nach wenigen Augenblicken wieder in die Kneipe gestürzt sein und nach Atem ringend berichtet haben, dass schon alles vorbei und die Kirche bereits abgeschlossen sei.

Das Ganze machte seine Runde im Dorf und wurde ein Jahr später durch die Narrenzeitung wieder aufgegriffen. Bei der Dorffastnacht wurden die Musiker verspottet. Es gab ein großes Hallo und „Narri-Narro“.

Seitdem bleibt immer mindestens ein Musiker der Blasmusik an Palmsonntag in der Kirche.

Auch so kann man also für einen steigenden Kirchbesuch sorgen …

Donnerwetter! – Warum wir lieber mit dem Wahrscheinlichsten rechnen sollten

Vor vielen Jahren war ich mit einer großen Gruppe Kinder und Jugendliche in der Sommerfreizeit in einem Strandbad.

Wie immer, wenn solche heterogenen Gruppen beisammen sind, ging es hoch her. Irgendwann habe ich die Übersicht verloren. Es wurde gespielt, gebalgt, gerauft. Es gab hier und da Schreie und Kämpfe, aber ich dachte, dass man sich da als Erwachsener nicht zu sehr einmischen sollte und die Jugendlichen das meistens unter sich ausmachen.

Gegen Mittag gab ich zusammen mit den anderen Gruppenleitern bekannt, dass sich jeder am Kiosk von seinem Taschengeld etwas zu essen holen solle. Besonders könne ich die Pommes empfehlen. Nachdem ich mir den Kiosk vorher angeschaut hatte, habe ich dann noch gesagt, dass große Eimer mit Ketchup und Mayonnaise bereitstünden. Die Jugendlichen sollten sich aber nicht mehr als eine Portion nehmen und sie sollten doch bitte ein wenig darauf achtgeben, dass sie sich mit dem Ketchup oder der Mayonnaise nicht einschmierten und nicht all ihre verstreut herumliegenden Sachen von herabtropfenden Zutaten in Mitleidenschaft gezogen würden. Ich wies extra noch darauf hin, dass sich bitte jeder auch eine Serviette nehmen sollte. Mir war es wichtig, dass wir als Gruppe gegenüber den anderen Badegästen einen guten Eindruck machten.

Grüppchenweise zottelten sie los und stellten sich am Kiosk auch ordentlich an. Die ersten kamen bereits mit kleinen Pappschälchen voller duftender Pommes zurück. Irgendwann aber stand plötzlich ein Jugendlicher bei mir und sagte, er habe Nasenbluten. Ich weiß nicht, was vorgefallen war, aber das war ja in dem Moment auch nicht wichtig.

Ich bat ihn, sofort sich hinzulegen und den Kopf im Nacken zu überdehnen. Währenddessen kramte ich in meinen Sachen herum, um Einmaltaschentücher herauszuholen und reichte ihm ein Taschentuch nach dem anderen. Die Blutung war wirklich stark. Aber er sagte mir, dass er so etwas schon öfter gehabt hätte und dass es bald aufhören würde zu bluten. So war es dann auch.

Nun lagen neben dem kleinen Körper eine Handvoll blutiger Taschentücher.

Ich nahm diese, um sie in die Mülltonne beim Kiosk zu bringen. Auf dem Weg dorthin begegnete ich einem kleinen Rudel Mädchen, welche sehr vorsichtig ihre Pommesschalen balancierten. Eine lutschte gerade heruntergelaufenen Ketchup von ihrem Finger ab.

Dann schaute sie mich verblüfft an, sah die roten Taschentücher und sagte: „Na, Herr Pater, haben Sie auch Pommes gegessen?"

So unterschiedlich kann die Wahrnehmung sein. Die Mädchen gingen von dem Wahrscheinlichsten aus. Es ist derselbe Prozess, der abläuft, wenn man vor dem Fenster das Geklapper von Hufen hört und nachschaut, was dort wohl los ist. Das Wahrscheinlichste würden wir annehmen. Nämlich dass dort Pferde laufen. Niemand würde doch ernsthaft erwarten, dass er, sobald er ans Fenster stürzt, Zebras sieht.

Ergo: Gehen Sie immer von dem Wahrscheinlichsten aus

– auch auf die Gefahr hin, dass Sie damit in seltenen Sondersituationen vollkommen danebenliegen.

Zwei Arten von Ethik – Eine für sich und eine für andere

Kurz nach Antritt meiner ersten Pfarrstelle sagte mir die damalige Sekretärin, die Pfarrei habe dort und dort noch eine Garage. Diese Garage sei in den 50er-Jahren errichtet worden, weil man von dem Standort aus in schneereichen Wintern direkt auf die geräumte Dorfstraße fahren könne, wohingegen die Garagen am Pfarrhaus, das eine steile Hanglage hatte, nur bei gutem Wetter zu befahren seien.

Allerdings sei diese Garage vermietet.
Da ich mich in die gesamten Belange der Pfarrei erst einarbeiten musste, ließ ich nachschauen, wer der Mieter sei, was für ein Mietvertrag vorläge und wie hoch die Miete sei. Ich bin fast in Ohnmacht gefallen, als ich die Unterlagen beisammen hatte. Es war in der Tat so, dass der aktuelle Mieter seit Ende der 60er-Jahre zehn deutsche Mark an Miete zahlte und diese Miete seitdem nicht mehr erhöht worden war. Wahrscheinlich hatten meine zwei Vorgänger von dieser Garage keinen Wind bekommen und sie war in Vergessenheit geraten.
Ich rief also den Mieter an und bat ihn höflichst, doch in den nächsten Tagen einmal vorbeizukommen, und da ich es bei derartigen Telefonaten selber angenehm finde zu wissen, worum es geht, habe ich dem Mieter gleich gesagt, ich würde mit ihm gerne einmal über die Miete der Garage sprechen.

Er sagte zu und stand wenige Tage später pfeifend bei mir vor der Tür.
Die Sachfrage war ja schnell geklärt. Es gab überhaupt keine Probleme. Er sah sofort ein, dass die Miete angepasst werden müsse, war mit meinem Vorschlag einer schrittweisen Erhöhung bis zum ortsüblichen Tarif innerhalb einer festgelegten Frist einverstanden. Alles kein Problem.
Ich war platt. Im Stillen hatte ich mich schon auf eine lange Diskussion eingestellt, auf wortreiche Darstellungen, was er, der Mieter, im Gegenzug schon alles für die Kirche getan habe. Eigentlich hatte ich damit gerechnet, dass er mir weiß machen würde, die Kirche käme noch gut davon, wenn er diese zehn Mark Miete regelmäßig zahle.
In meiner Verblüffung fragte ich ihn, weshalb er sich denn nicht schon längst einmal in den vergangenen Jahren von sich aus wegen einer Mieterhöhung gemeldet habe.
„Da wäre ich aber schön blöd", antwortete er mir.
Der hat die Antwort ernst gemeint. Das heißt, er fand sein Verhalten vollkommen normal und erwartete natürlich auch von mir, dass ich sein Verhalten nachvollziehen könne. Der gute Mann hatte nicht die Spur eines schlechten Gewissens. Heute bin ich mir sicher, dass er nicht einmal im Ansatz begriffen haben konnte, weshalb ich auf seine Antwort hin fassungslos den Kopf schüttelte.
Es ist und bleibt dabei: Viele Menschen haben zwei Arten von Ethik – eine für sich und eine für andere.

Gute Fragen und gewitzte Antworten – Von Erzengeln und Eseln

Jeder, der mit Kindern und Jugendlichen im Umfeld von religiöser Erziehung zu tun hat, kann Lustiges von den Antworten, die er im Laufe seines Lebens bekommen hat, erzählen. Da gibt es immer wieder Bücher drüber. Was diese Bücher jedoch – außer, dass sie wirklich oft zum Schmunzeln sind – kaum aufzeigen, das sind die (dummen) Fragen der Pädagogen, die solche lustigen Antworten erst ermöglichen.

So habe ich beispielsweise mit den Kommunionkindern aus irgendeinem Grund vor vielen Jahren über Namensbedeutungen gesprochen. In dem Zusammenhang erklärte ich ihnen auch, dass die an viele alte Namen angehängte Silbe *-el* der Hinweis auf *Elohim*, den Gottesnamen, sei. Ich gab als Beispiele *Raphael* und *Gabriel* an. Dann fragte ich, ob die Kinder denn selber auch Namen kennen würden, die mit dieser Silbe *-el* enden würden. Meine Hoffnung war, dass irgendjemand schon auf *Michael* käme, denn schließlich hatten wir in den Reihen der Kommunionkinder einen Jungen, der Michael hieß.

Da meldete sich einer und sagte wie aus der Pistole geschossen: „Esel."

Der Esel war natürlich in dem Fall ich, weil ich eine zu blödsinnige Frage gestellt hatte.

Vor noch nicht allzu langer Zeit gab es bei uns einen Kindergottesdienst, der sich thematisch um Elemente des Wetters drehte: den Regenbogen, die Sonne, die Wolken, den Regen.

Es gab ein Predigtgespräch zwischen einem Katecheten,

der das Mikrofon in der Hand hatte, und den Kindern. Der Katechet stellte Fragen und hielt das Mikrofon einem Kind, das sich meldete, hin, sodass es seine Antwort für die ganze Gemeinde hörbar dort hineinsprechen konnte. Ich erinnere mich noch genau, wie er mühsam bis zum Stichwort *Sonne* vorgedrungen war. Aber noch keines der Kinder war im Zusammenhang mit seinen Fragen auf *Regen* gekommen.
Also fragte er nun: „Wenn ganz viel die Sonne scheint, was braucht man dann unbedingt?“ Ein Kind meldete sich, es bekam das Mikrofon und sprach deutlich hinein: „Sonnencreme!“

Manchmal sind es die Antworten und Verhaltensweisen der Kinder, die uns einen Spiegel vorhalten, den wir durchaus gesellschaftskritisch betrachten sollten.

Kinderglauben und Gottesbild – Der Schutzengel mit dem Besen

Mit unseren Kommunionkindern habe ich versucht, über das Gebet zu sprechen. Das ging erstaunlich gut. Ein Junge erzählte mir, dass er jeden Abend das Schutzengelgebet bete. Und damit nicht genug. Mit großen Augen, die in die Ferne schauten, wie bei vielen Menschen, die etwas auswendig aufsagen, rezitierte er das bekannte Gebet zum Schutzengel. Es endet mit diesen so oft belächelten Zeilen: „Lass mich leben gut und fromm, dass ich in den Himmel komm.“
Ich habe ihn sehr gelobt und wollte dann dieses Schutz-

engelthema ein bisschen aufgreifen. Ich sagte so in etwa, dass es in der Tat schön sei, einen Schutzengel zu haben und dass Gott jedem Menschen, den er erschafft, auch einen Schutzengel an die Seite stelle und dass man diesen Schutzengel manchmal auch erfahren könne.
Da fiel mir der Junge, der soeben das Gebet aufgesagt hatte, ins Wort und meinte, er habe schon mal seinen Schutzengel gesehen. Ich weiß nicht, ob mein Lob ihn beflügelt hat, oder ob es nur seine ausufernde Fantasie war. Auf jeden Fall erzählte er weiter, dass er nachts nicht nur den Schutzengel, sondern neben ihm stehend auch einen Teufel gesehen habe und der Schutzengel hätte einen Besen in der Hand gehabt und habe damit dem Teufel auf den Kopf geschlagen.
Spätestens an dieser Stelle war klar, dass es sich hier nicht um einen kleinen, begnadeten Mystiker handelte, sondern um ein Kind, das offenbar tief geprägt ist von der alemannischen Fastnacht, wo jedes Jahr in den Tagen vor Aschermittwoch bei allen möglichen Umzügen Teufel in klirrenden Schellengewändern herumspringen, heulende Hexen mit ihren Besen die am Rande der Umzüge stehenden Zuschauer erschrecken und andere lange, weiße Gewänder tragen. Die Aussage des kleinen Kommunionkindes scheint mir fantasievoll aus seinen frühen und oft schaurigen Fastnachtserfahrungen zu kommen. Als hätten sich einzelne Bilder bei ihm derartig eingeprägt und übereinandergelegt, dass sie ihn zu einer neuen, eigenen Geschichte anregten – eben der, dass sein Schutzengel einem neben ihm stehenden Teufel mit dem Besen auf den Kopf schlägt.
Dieses kleine Erlebnis ist ein Zeichen, wie schon bei Kin-

dern die religiöse Bildwelt entsteht. Irgendwie hat doch jeder sein subjektiv sehr eigenes Gottesbild. Dieses hat sich bei jedem von uns mehr oder weniger nach demselben Muster gebildet wie die Schutzengelvorstellung unseres damaligen Kommunionkindes.
Es gibt eine sehr enge Beziehung zwischen unserer Vorstellung von Gott und unserer Erfahrung mit Gott.
Aber was immer wir als Erwachsene auch für ein Gottesbild haben: Wir müssen bedenken, dass ein großer Unterschied besteht zwischen unserem Bild von Gott und dem Gott, der tatsächlich in unserem Herzen gegenwärtig ist und wirkt.
Es ist ein langer, spiritueller Weg, die Gottesbilder, die wir seit früher Kindheit in uns tragen, aufzulösen hin zu jener wahren Gotteserfahrung seines Erbarmens und seiner Liebe zu uns.

Moderner Religionsunterricht – Matzenbacken und Mandalamalen

In den Jahren, als ich noch im Religionsunterricht tätig war, begegneten mir einmal Kinder auf dem Flur. Ich weiß nicht mehr, ob sie aus einer Nachbarklasse waren oder aus dem evangelischen Religionsunterricht wieder zurück in ihre Klasse kamen. Die Kinder hatten irgendwelche Becher in der Hand und sie sahen zum Piepen aus. Total mehlig verschmiert – so, als hätten sie an einem Backwettbewerb für Adventskekse teilgenommen. Nur dass eben keine Adventszeit war.
Die Kinder waren so aufgekratzt und so stolz auf das, was

sie da in den Händen hatten, dass ich stehenblieb und sie ansprach, was sie denn da hätten und was das sei. Erst gab es ein riesiges Durcheinander, aber dann ordneten sich so langsam die Aussagen: Es ging um irgendeine Nacht, also jene Nacht ... Und da hätten die Israeliten Brot gebacken, also schließlich hätten auch sie deshalb Matzen gebacken.
„Ja, was ist denn das, Matzen?“, fragte ich die Kinder. Und die waren völlig perplex. Mir wurde schlagartig klar, dass sie nicht die geringste Ahnung hatten, dass es sich hierbei um die ungesäuerten Brote handelt, die bis heute am Passahfest der Juden zur Erinnerung an die Nacht des Auszugs aus der ägyptischen Sklaverei gebacken werden.
Ähnliches ist mir einmal passiert, als Kinder in der Schule mit Martinsgänsen ankamen, die sie gebacken hatten. Die sahen wirklich gut aus. Aber als ich von ihnen wissen wollte, was denn die Martinsgänse mit dem hl. Martin zu tun hätten und weshalb diese Martinsgänse bis heute eine gewisse Tradition hätten (auch mit Rotkraut und Knödeln), da standen sie mit offenen Mündern wie die Fischlein vor mir und hatten keine Ahnung.
So wird Schule zu hohlem Aktionismus und so verkommt der Religionsunterricht zu völlig inhaltsleeren Beschäftigungsstunden. Ich will hier nicht in das allgemeine Horn blasen, die Kinder würden allesamt im Religionsunterricht nichts lernen und sie hätten ein sträflich geringes religiöses Wissen. Aber es gab eben schon Begegnungen in meinem Leben, die mich dahingehend nachdenklich gemacht haben.
Meine Befürchtung ist die, dass die jungen Menschen, die in den Schuljahren sehr, sehr viel lernen und enor-

me Fortschritte auf allen möglichen Wissensgebieten machen, im Fach Religion irgendwann auf dem Niveau eines kindlichen Kleinglaubens stehenbleiben. Wenn sie dann nach Jahren auf diesen eigenen Kinderglauben zurückschauen, dann werfen sie auch diesen noch über Bord, weil er vielleicht nicht mehr zu ihrem sonstigen Bildungsniveau passt. Mangelhafter Religionsunterricht leitet schon den späteren Kirchenaustritt in die Wege. Die Menschen merken irgendwann, dass sie mit dem Backen von Matzen oder Martinsgänsen und mit dem Malen von Mandalas im Religionsunterricht nicht jene Voraussetzungen bekommen, die es ihnen ermöglichen, später selbständig im Glauben zu wachsen und sich das notwendige Glaubenswissen anzueignen.

Karfreitag mit Kindern – Herzlichen Glückwunsch!

Am Anfang meiner Dienstzeit habe ich mich noch sehr damit befasst, Kindern den Zugang zu religiösen Inhalten nicht nur in der Schule, sondern auch in der Pfarrei zu vermitteln. Damals gab es ja auch noch viel mehr Kinder. (Vor 25 Jahren hatte ich immer über 20 Kommunionkinder, seit ein paar Jahren sind es immer unter zehn.) So habe ich zusammen mit einer pastoralen Mitarbeiterin einmal für den Karfreitag einen alternativen Kinderkreuzweg eingeübt. Alternativ deshalb, weil dieses kleine, kindgerechte Passionsspiel von der Tradition abwich, mit den Kindern die normalen Kreuzwegstationen in der Kirche abzulaufen und dazu an jeder Station Texte aus den 50er-Jahren des vergangenen Jahrhunderts vorzule-

sen – oder sagen wir besser: Texte, die in den 50er-Jahren als kindgerecht galten.
Wir haben wirklich wochenlang mit den Kommunionkindern geübt und haben dabei auch sehr viel über die Passion Christi sprechen können. Für die Kinder war diese Zeit der Vorbereitung auf das Passionsspiel eine intensive Zeit. Wahrscheinlich haben sie in dieser Zeit mehr über das Leben, Leiden, Sterben und die Auferstehung Jesu gelernt und mitbekommen als bei anderen Unterrichtsmodellen, die es für Kommunionkinder zuhauf gibt. Wie dem auch sei: Die Kinder spürten, dass es immer ernster wurde. Sie waren sehr konzentriert bei der Sache, sie brachten jedes für seine Rolle die entsprechenden Kostüme mit, tauschten untereinander Ritterhelme, Umhänge, bunte Tücher, bis jeder das hatte, was er für seine Rolle brauchte. Einmal war die Probe so bewegend, dass die Kleine, die die weinende Mutter Jesu bei der vierten Kreuzwegstation „Jesus begegnet seiner weinenden Mutter" spielte, tatsächlich in Tränen ausbrach. Die Kinder nahmen das Ganze wirklich ernst.
Uns war es als Verantwortliche für dieses Passionsspiel auch wichtig, dass die Kinder das Ganze nicht wie einen schulischen Theaterabend auffassten, sondern als eine Art Mysterienspiel und als eine Form des Gottesdienstes. Der Karfreitag rückte näher. Die Aufregung wurde größer. Als dann die wirklich schöne und andächtige, stille und sehr ergreifende Darstellung des Passionsgeschehens durch diese so wunderbar ernsthaft spielenden Kinder zu Ende war, ging ich noch vor die Kirche, um die Eltern von den Kindern zu treffen.
Ich war noch gar nicht ganz zu der Gruppe der Erwach-

senen vorgestoßen, die sich dort vor der Kirche bereits versammelt hatten, als sich eine Mutter aus dem Pulk löste und strahlend auf mich zukam: „Herzlichen Glückwunsch!"

Ich war perplex und weiß bis heute, dass mir allerhand durch den Kopf raste, wofür mir die Frau gratulieren könnte. Ich brauchte lange, um zu merken, dass es ihr um das gerade zu Ende gegangene Passionsspiel ging, bei dem auch ihr Kind eine kleine Rolle gespielt hatte …

Liebe ist harte Arbeit – Arbeit an uns selbst!

Praktikable Pädagogik – Was wünschen Sie Ihrem Kind?

Ich war bei einem Taufgespräch und die Eltern zeigten mir stolz das zukünftige Zimmer des Kindes. Mit eigenem Bad. Das war 1987. Schon allein um dieser Erfahrungen willen ist es gut, in die Wohnungen und Häuser zu den Menschen zu gehen.
Natürlich weiß ich, dass ein Kinderzimmer mit eigenem Bad auch heute, mehr als 30 Jahre später, nicht der Standard ist, aber das gibt es. Ich habe es mit eigenen Augen gesehen. Vielleicht ist es ja sogar sinnvoll, von Anfang an so zu bauen, dass die Kinder, wenn sie größer werden, ein schönes Zuhause haben. Sie bleiben dann auch länger zu Hause – mit allen Vor- und Nachteilen, die das mit sich bringt.
Aber ich frage mich, was denn tatsächlich in den Häusern, Wohnungen und Familien jene Atmosphäre erzeugt, in der Kinder gut heranwachsen können.
Ein Kinderzimmer mit eigenem Bad reicht wohl eher nicht. Sind sich Eltern bewusst, dass sie die richtige Atmosphäre daheim erst erzeugen müssen? Dass sie dafür verantwortlich sind, was für eine – übertragen gesprochen – „Luft" das Kind daheim atmet? Diese Atmosphäre – ich will bei dem Wort bleiben, weil es am besten ausdrückt, was gemeint ist – entsteht nicht automatisch und ganz von selbst, wenn man nur die Zimmer einrichtet und die Wände tapeziert. Eltern brauchen eine praktikable Pädagogik.

Aus dem Griechischen übersetzt heißt „Pädagogik“: Das Kind führen und anleiten.
Der „Pädagoge“, also in unserem Fall die Eltern, ist der „Anleitende“ oder „Führende“.
Der Begriff „Pädagogik“ bezeichnet also vom Wort her etwas Dynamisches, ein Geschehen, eine Bewegung. Erziehung ist also nicht ein punktuelles Eingreifen und besteht nicht im jeweiligen Re-agieren, sondern sie ist ein Weg, den Eltern und Kinder miteinander gehen.
Ich rate manchmal Eltern, die mich ganz allgemein fragen, nach welchen Grundregeln sie die Pädagogik gestalten sollen: „Fragen Sie sich doch einmal ganz einfach, was für ein Leben Sie Ihrem Kind wünschen. Nehmen Sie sich einen Zettel und schreiben Sie einfach auf, was Sie alles Ihrem Kind mitgeben möchten. Träumen Sie davon, was für ein Mensch es später sein soll. Scheuen Sie sich nicht, auch hehre Ideale niederzuschreiben.
Der Partner kann das ebenfalls tun.
Schauen Sie sich anschließend Ihren Zettel an und fragen Sie sich: ‚Wie viel von dem, was ich meinem Kind für die Zukunft wünsche, kann ich selbst durch eine entsprechende Erziehung bereits grundlegen?‘
Und dann beginnt die Partnerarbeit. Was wünscht der Partner dem Kind?
Wo sind Gemeinsamkeiten? Wo finden sich gravierende Unterschiede?
Das ergibt eine ganze Menge Diskussionsstoff über die Erziehung.
Einigen Sie sich auf die Zukunftswünsche, die Sie beide für Ihr Kind für wichtig halten. Streichen Sie von Ihrem

Zettel, was Sie nach der Diskussion mit dem Partner nicht mehr notwendig finden."

Wenn sich Eltern in diesen Grundsätzen einig sind, dann ist es vollkommen nebensächlich, ob das Kind ein Zimmer für sich mit eigenem Bad hat oder ob es sein Zimmer mit Geschwistern teilen muss und die ganze Familie gemeinsam ein Bad benutzt.

Offene Ohren, statt Kopfhörer – Hin- oder Weghören?

Vor einiger Zeit war ich in Rom, um dort zusammen mit einem Mitbruder die Fahrt vorzubereiten, die wir dorthin mit 50 Jugendlichen für den Herbst planen.
An einer Straßenkreuzung stießen wir beinahe mit einer Mutter zusammen, die ein Kind hinter sich herzerrte.
Die Mutter beachtete das Kind überhaupt nicht. Dann sah ich plötzlich, dass sie diese kleinen weißen Stöpsel als Kopfhörer im Ohr hatte. Was für eine Situation!
Niemals habe ich bisher das Brutale dieser Art, auf offener Straße Musik zu hören, erlebt. Ich bin heute noch fassungslos, dass es so etwas gibt.
Sicher, man kann sich jetzt vorstellen, was dazu geführt haben mag, dass die Mutter das Kind dermaßen ignoriert. Jeder, auch wenn er keine eigenen Kinder hat, weiß, was es für eine große Herausforderung ist, ein Kind beim Heranwachsen zu begleiten. Es gibt schwierige und brenzlige Situationen, in denen Eltern irgendwann alles zu viel wird. Es gibt Umstände, die die Eltern an ihre Grenzen führen.

Nicht zuletzt haben diese Erkenntnisse dazu geführt, dass Kindesmisshandlung eine Straftat ist. Und das Gesetz wird – wenigstens in Deutschland – recht eng ausgelegt. Jede Art von Schlägen, auch leichte Schläge – der sogenannte Klaps – werden als eine solche Straftat gewertet. Anders gesagt: Wenn man als Passant mitbekommt, dass ein Kind auf der Straße geschlagen wird, dann könnte man Anzeige erstatten. Eigentlich wäre man sogar dazu verpflichtet, denn sonst würde man sich selbst strafbar machen, weil man eine Straftat nicht verhindert oder deren Verfolgung nicht in die Wege geleitet hat.
Was aber ist mit einer Mutter, wie ich sie mit Kopfhörern und Kind an der Hand in Rom gesehen habe? Sie hat ja offenbar nicht nur keine Vorstellung davon, was sie ihrem Kind antut, sondern auch keine Scheu, sich in der Öffentlichkeit so zu verhalten.
Das Kind war lieb. Es schrie nicht herum, sondern lief ganz munter an der Seite der Mutter. Aber die Mutter war eben nicht ansprechbar. Und schließlich waren die beiden nicht auf dem Spielplatz, sondern in einer Großstadt unterwegs.
Vielleicht hätte sie die Stöpsel aus dem Ohr genommen, wenn das Kind ihr deutlich ein Kommunikationsbedürfnis zu erkennen gegeben hätte. Aber in dieser Situation hätte jeder Dialog immer von dem Kind ausgehen müssen.
Ich frage mich, ob ein solch deutliches Abschneiden von Begegnungsmöglichkeiten zwischen Mutter und Kind, wie es durch die Kopfhörer als gegeben vorausgesetzt werden muss, zu bewerten ist.
Schöner wäre es doch auf jeden Fall, wenn die Mutter

grundsätzlich ein offenes Ohr für das Kind hätte. Selbst dann, wenn die beiden eine Zeitlang nur nebeneinander herlaufen. Wie schön wäre es für das Kind, von der Mutter durch den lauten und hektischen Stadtverkehr in Rom kommunikativ begleitet, anstatt nur stumm an der Hand geführt zu werden, weil die Mutter Musik hört. Zu einer solchen Begleitung gehört meines Erachtens auch, dass die Mutter dem Kind die Sicherheit gibt, dass sie für es da ist. Sie sollte das Kind mit Hinweisen oder kleinen, immer wieder erfolgenden Wechselgesprächen kommunikativ bei dem Gang durch die chaotische Großstadt unterstützen und ihm so das Gefühl geben: „Wir zwei, die Mama und ich, sind gerade hier in Rom zu Fuß unterwegs und die Mama ist für mich da. Sie hat mich nicht nur an der Hand. Sie redet mit mir. Sie macht mich auf etwas aufmerksam. Sie warnt mich, wenn etwas gefährlich wird" – und so weiter.

Die leere Schaukel – Was Eltern alles falsch machen können

Auf einer langen Fahrt nach Südtirol habe ich irgendwo an einer Raststätte Pause gemacht und mich auf eine Bank gesetzt, die am Rande eines kleinen – schon ziemlich heruntergekommenen – Kinderspielplatzes lag.
Nach einer kurzen Zeit kam ein kleines Mädchen von vielleicht drei Jahren, schaute interessiert auf den Spielplatz, rannte freudig fort und erschien Augenblicke später wieder mit seinem Vater im Schlepptau.
Dieser schlurfte sichtlich lustlos hinter dem Kind her. Man konnte ihm richtig ansehen, wie ihm unmittelbar

vorher gesagt worden war, er solle mit dem Kind auf den Spielplatz gehen und ein wenig mit ihm spielen. Das Kind hingegen rannte freudig auf die Wendelrutsche zu, stieg selbständig die Leitersprossen hinauf und rutschte hinunter. Der Vater aber stand irgendwo abseits und beobachtete das Ganze aus einer räumlichen Distanz, die wohl sein geistiges Desinteresse an der Begleitung des Kindes auf den Spielplatz widerspiegelte. Weder hatte er dem Kind Hilfestellung gegeben, als es zu dem Startpunkt der Rutsche hinaufkletterte, noch stand er dort, wo die Kleine am Ende der Rutschpartie herauskam. Keine „Ohs“ und „Ahs“, kein Lob und keine beflügelnde Anerkennung hatte er für das Kind übrig.

Ich war ernsthaft verwundert, dass die Kleine überhaupt noch ein zweites Mal gerutscht ist.

Dann war es mit dem Rutschen aber auch schon vorbei. Wen wundert's?

Dasselbe Trauerspiel ereignete sich an der Schaukel. Der Vater stand dort herum und ließ das Kind schaukeln. Kein Dialog, kein Mithilfe, keine freudige Teilnahme an dem, was das Kind dort tat. Der Vater sprach während der gesamten Zeit, die die beiden auf dem Spielplatz waren, kein Wort mit dem Kind.

Nach kurzer Zeit waren sie wieder fort.

Diese Situation auf dem Spielplatz finde ich deshalb so symptomatisch, weil der Vater ja offensichtlich ganz und gar nicht wahrgenommen hat, was er falsch gemacht hat. Er wusste schlicht nicht, wie man mit einem Kind auf dem Spielplatz so spielt, dass es dem Kind Freude macht. Er hatte gar keinen Sinn dafür, dass er anders hätte handeln können. Deshalb spielte sich das Ganze ja auch vor meinen Augen ab: Der Vater hatte gar kein Bewusstsein dafür, was er vor mir hätte verbergen sollen. Seine Lustlosigkeit und seine Unfähigkeit, mit dem Kind zu spielen und sich auf es einzulassen, waren ihm offensichtlich nicht klar.

Er war mit dem Kind auf dem Spielplatz – fertig. Für ihn war die Sache damit erledigt, dass er dabei war. Das Spielen selbst überließ er dem Kind.

Ich bin immer wieder entsetzt, welche eklatanten Erziehungsfehler man bei Eltern und Erwachsenen beobachten kann. Der Vater jedenfalls, den ich dort auf dem Spielplatz der Autobahnraststätte beobachten konnte, bräuchte dringend Nachhilfe darin, wie man mit einem Kind spielt.

Spielen ist eine soziale Beschäftigung und wenn Kinder keinen anderen Spielpartner als einen Elternteil haben, dann muss dieses Elternteil die fehlenden gleichaltrigen Spielkameraden ersetzen. Auf jeden Fall aber muss das Kind beim Spielen stärker begleitet sein, als ich es dort auf dem Spielplatz der Raststätte beobachten konnte.

In dem Zusammenhang noch ein Wort zu den vielen traurigen Spielgeräten, Rutschen und Schaukeln aus rotem und gelbem Kunststoff, die man immer wieder in den Gärten von Einzel- und Reihenhäusern sieht. Ich frage mich schon seit Jahren, was das soll. Wie viel Platz und Plastik verbraucht so ein Spielgerät aus dem Baumarkt. Wie wenig bringt es pädagogisch, wenn ein Kind im eigenen Garten für sich allein rutschen und schaukeln kann – allenfalls noch ein klein wenig von der Mutter durchs Küchenfenster beobachtet. Ich habe es wirklich bei dem Besuch einer befreundeten Familie erlebt,

dass zwei Geschwisterkinder in der Nachbarschaft sich mit solch einem Spielgerät beschäftigten. Die Mutter war nicht dabei. Ich saß still auf der Terrasse und las Zeitung, aber als die Kinder mich sahen, war es damit vorbei. Die beiden taten alles, damit ich sie wahrnehme. Sie riefen mich, sie winkten mir – sie wollten von mir gesehen und gelobt werden.
Kurzum: Ich musste die fehlende Mutter ersetzen. Aber nach einer Weile war dann auch mein Lob nicht mehr interessant und die Kinder verschwanden wieder im Haus. Zurück blieben zwei Schaukeln, die noch ein wenig im aufkommenden Abendwind pendelten und das Gefühl einer traurigen Leere zurückließen.

Kein Kommentar – Man muss nicht alles sagen, was man denkt!

Vor einigen Jahren war ich während eines Auslandsaufenthalts bei einer sehr netten Familie zum Abendessen eingeladen. Auch ein Freund der Familie war dabei.
Wir saßen in der großen, holzgetäfelten Stube an einem langen Tisch und es gab ein wunderbares Essen. Ich weiß nicht mehr, wie viele der zahlreichen Kinder dieser Familie bei Tisch dabei waren. Aber ich erinnere mich auf jeden Fall an eine der Töchter. Sie war vielleicht 13 oder 14 Jahre alt und konnte mit dem, was bei Tisch besprochen wurde, natürlich nicht viel anfangen. Alle Versuche unsererseits (ich selbst hielt mich wegen der Sprachprobleme eher zurück), sie ein bisschen mit ins Gespräch einzubeziehen, schlugen fehl. Sie saß ein

wenig abwesend auf dem Stuhl und drehte gelangweilt an einem kleinen Ring, den sie trug. Als der Vater wieder einmal versuchte, sie ins Gespräch einzubeziehen, richtete sie sich auf, warf ihre offenen Haare nach hinten und in dem Moment, als ich dachte, dass es ihr nun zu viel werde, hielt sie ihre kleine Hand dem Vater fast wie zu einem Handkuss vors Gesicht und fragte ihn freundlich, wie er denn den Ring finde, den sie hier trage. Er schaute das Stück an, erkannte offenbar, dass der Ring nicht aus dem Familienschmuck oder der Schmucktruhe seiner Frau stammte, und sagte, er fände den Ring sehr schön.

In dem Augenblick sagte der Freund der Familie trocken zu der Tochter: „Wie heißt er denn?“

Blitzschnell zog sie die Hand zurück, als hätte sie sie über eine Kerze gehalten und wurde rot. Nicht viel später stand sie vom Tisch auf und verließ die Runde. Sie kam am ganzen Abend nicht mehr zurück.

Es war eine ganz kleine Szene, die sich da abgespielt hatte. Ein paar hingeworfene Worte. Nichts Schlimmes – eigentlich. Keiner, außer mir und wahrscheinlich der Tochter, wird sich daran erinnern.

Sie tat mir so unendlich leid. Ich konnte nahezu physisch spüren, wie sich eine dünne Nadel in ihr offenbar frisch verliebtes Herz bohrte, als diese winzige, aufkeimende Liebe, dieses erste frische Verliebtsein und das verschämte Geschenk des kleines Ringes so abgebrüht ans Licht gezerrt wurden. So hellsichtig und scharfsinnig der kurze Kommentar des Freundes der Familie zu diesem kleinen Ring auch war, er war in dieser Situation verletzend.

Ich muss heute noch manchmal an die Tochter denken. Wie rot sie wurde und wie sie sich augenblicklich innerlich zurückzog. Wie grob können Erwachsene sein, wenn sie die kleine, so zarte Blüte der ersten aufkeimenden Liebe nicht mit tiefer Wertschätzung zu hüten vermögen.

Der Weg zueinander – Die vier Schritte der Liebe

Als Seelsorger werde ich in Gesprächen immer wieder auf die Frage gestoßen, was man konkret tun kann, um auf jemanden zuzugehen, von dem man sich entfremdet hat, mit dem es Spannungen gibt oder mit dem man Divergenzen hat. Nun, darüber ist viel geschrieben und gelehrt worden. Diese Frage berührt fast den Wurzelgrund menschlichen Miteinanders.

Im Lukasevangelium gibt es einen ganz kurzen Text. Er handelt davon, dass Maria, die mit Jesus schwanger ist, ihre Cousine Elisabeth besucht. Elisabeth ist ebenfalls im fortgeschrittenen Stadium schwanger, mit Johannes dem Täufer.
Katholiken kennen diese Stelle. Solche, die regelmäßig in die Kirche gehen, kennen sie sogar in- und auswendig, denn sie kommt gleich mehrmals im Jahr bei großen Marienfesten (Mariä Verkündigung, Mariä Empfängnis, Mariä Aufnahme in den Himmel) in der Liturgie vor. Die ersten drei Sätze dieses Textes lauten so:
„In diesen Tagen machte sich Maria auf den Weg und eilte in eine Stadt im Bergland von Judäa. Sie ging in das Haus des Zacharias und begrüßte Elisabeth. Und es

geschah, als Elisabeth den Gruß Marias hörte, hüpfte das Kind in ihrem Leib." (Lk 1,39–41)
Nach diesen einleitenden Zeilen geht der Text dann eigentlich erst richtig los: Es folgt ein Ausruf von Elisabeth und Maria spricht einen alten Lobgesang, den man das *Magnificat* nennt. So weit brauchen wir bei der Frage, wie Menschen neu zueinander finden können, gar nicht vorzudringen.
Ich bin immer wieder überwältigt, wie dicht diese ersten Sätze bereits sind und wie komprimiert hier Aussagen dazu gemacht werden, wie Menschen zueinander finden. Diese vier Schritte sind so:

1. Maria bricht auf.
2. Sie geht über die Berge.
3. Sie geht in das Haus.
4. Sie begrüßt Elisabeth.

Ich glaube, dass es sich bei diesen vier Schritten um jenes wiederkehrende, grundsätzliche Muster handelt, nach dem alle Menschen, unabhängig an welchem Ort und zu welcher Zeit, zueinanderfinden.
Ich nenne dieses Muster gerne die *vier Schritte der Liebe*. Der erste Schritt, wenn Menschen (wieder neu) zueinanderfinden wollen, ist immer das Aufbrechen. Diesen Aufbruch können wir nicht anderen überlassen. Es gehört zum Wesen des Christen, dass er stets bereit sein muss, aufzubrechen. Das heißt: Jeder Mensch, dem es um die Begegnung mit einem anderen Menschen geht, muss sich fragen, ob er tatsächlich bereit ist, den ersten Schritt zu tun. Maria jedenfalls geht mit gutem Beispiel voran und tut diesen.

Jede Reise beginnt mit einem ersten Schritt. Der Weg aber kann durchaus mühselig sein. Wie eine Bergwanderung. Es kann ein hügeliger Weg sein, der Menschen zueinander führt. Das drückt sich in dem zweiten Schritt aus, der Maria ins Bergland von Judäa führt. Symbolisch sehe ich darin ausgedrückt, dass man oft das ganze Gebirge an Widerständen, Vorurteilen, Verletzungen und Vorwürfen durchschreiten muss, um zu einer inneren Begegnung zu finden.
Diese innere Begegnung zeigt sich darin, dass Maria in das Haus geht. Das Haus steht für die Schutzmauern, die Menschen errichten. Erst nachdem jemand wie Maria den ersten Schritt getan und in einem zweiten Schritt die Berge überwunden hat, kann der dritte Schritt erfolgen: Er führt ins Innere, in einen geschützten Bereich, hinter die Mauern.
Nur dann kann der vierte Schritt stattfinden: Der Gruß. Will sagen: Erst nach den drei vorangegangenen Schritten ist eine Begegnung möglich, wie sie in dem Gruß symbolisch zum Ausdruck kommt. Jede gute Begegnung zwischen Menschen muss hinter die Mauern führen, in einen Innenraum der Begegnung, wie Maria und Elisabeth ihn haben. Die Begegnung, die dann stattfindet, schenkt eine wahre Freude, sodass die Seele im Leibe hüpft wie Johannes im Schoß seiner Mutter.

Sich selber annehmen – Aber wie?

Als meine Eltern noch lebten, waren sie häufig zu Besuch bei mir im Pfarrhaus. Es waren gute Tage und Stunden, die wir hatten. Schöne Gespräche in ruhiger Atmosphäre. Einmal sprachen wir im Nachgang zu einer Predigt, in der ich über die große Schwierigkeit, sich selbst anzunehmen, gesprochen hatte. Es ging darum, dass nicht nur die Gottesliebe, sondern auch die Selbstliebe ein Gebot Gottes sei („Du sollst den Nächsten lieben wie dich selbst."). Erst in diesem Gespräch vor vielen Jahren ist mir offenbar geworden, wie sehr sich das Wertgefühl meiner Eltern mit ihren jeweiligen Flüchtlingserlebnissen in einer sozialen Umwelt bildete, der sie sich in fast jeder Hinsicht (sprachlich, finanziell, sozial) unterlegen fühlten.

Kurze Zeit nach diesem erhellenden Gespräch fiel mir eine Studie in die Hände, die genau diese Erfahrung meiner Eltern bestätigte: Es fällt Menschen schwer, sich selbst wertzuschätzen, wenn sie sich mit weit überlegenen Menschen vergleichen. Die Forschungsergebnisse zweier Psychologen von der Stanford University in Kalifornien zeigen, dass die schärfsten Abwehrreflexe bei Menschen entstehen, wenn sie sich moralisch unterlegen fühlen. Im *Journal of Personality and Social Psychology* legten die beiden Forscher dar, dass z. B. übergewichtige Menschen mit hoher Wahrscheinlichkeit nicht zu einem Arzt gehen werden, der überall als „Fitness-Guru" bekannt ist – aus Angst, geringgeschätzt oder als schwach und bequem gebrandmarkt zu werden.

Ich glaube, dass diese Studie nur wissenschaftlich bestätigt, was ein tief eingeschriebenes Wirkgesetz im Menschen ist.

Die besagte Studie stellte eine weiterführende Frage: Lassen manche Menschen die anderen fühlen, dass sie

sich für überlegen halten, oder denken die anderen nur, dass diese Menschen sich für überlegen halten?
Interessanterweise konnten die beiden Forscher zeigen, dass es schon reicht, wenn man glaubt, der andere fühle sich überlegen. Dies könne, so die Forscher, jeder praxisnah erleben: Vegetarier sind z. B. deshalb oft heftigen Angriffen ausgesetzt, weil Fleischesser sich in ihrer Gegenwart moralisch abgewertet und unter Rechtfertigungsdruck empfinden. Oder Raucher. Sie fühlen sich oft von Nichtrauchern abwertend beurteilt, weil sie meinen, der Nichtraucher spiele seine moralische Überlegenheit aus.
Etwas von diesen psychologischen Wirkmechanismen finden wir meiner Ansicht nach auch im Verhalten der Menschen gegenüber Jesus Christus wieder. Er ist uns zwar in jeder Hinsicht moralisch überlegen, aber wenn das der Maßstab ist, dann wird es schwierig, sich selbst anzunehmen. Das alte Gottesbild aber hat so funktioniert. Ich habe den Verdacht, dass im Verlauf der Geschichte oft die Vollkommenheit Gottes missbraucht wurde, um den Menschen kleinzumachen, anstatt ihn zu einer vernünftigen Selbstliebe zu führen.
Gott spielt seine Vollkommenheit und seine moralische Überlegenheit gegenüber uns Menschen niemals aus. Er verurteilt uns nicht wegen unserer Schwachheit. Der Mensch mag so etwas denken, Gott niemals. Wie schwierig es ist, die Liebe Gottes anzunehmen und daraus das eigene Selbstwertgefühl abzuleiten, offenbart auch, wie sehr die Menschen mit einem verkorksten Gottesbild belastet sind.
Nach dem Gespräch mit meinen Eltern und nach Kennt-

nis der oben genannten Studie würde meine Predigt zum Thema „Selbstliebe“ heute völlig anders ausfallen. In den Kern würde ich den Gedanken stellen, dass die wahre Selbstliebe nicht isoliert wächst, sondern nur aus der Liebe heraus, die Gott zu uns Menschen hat. Gott- und Selbstliebe wachsen miteinander.

Geht das: Verzeihen ja – vergessen nein?

Wenn ich den Erzählungen meiner Eltern und Verwandten glauben soll, dann muss ich schon als Kind sehr temperamentvoll gewesen sein. Meine Lehrer hätten davon ein Lied singen können.

So erinnere ich mich an eine heftige Auseinandersetzung mit unserem Jesuitenpater, weil ich bei einer Bergwanderung abseits des Weges herumgekraxelt war. Der normale Wanderweg hatte mich einfach nicht ausgelastet. Es gab ein großes Weh und Ach. Ein Tamtam, das ich eigentlich gewohnt war. Anderntags habe ich mich bei dem Pater entschuldigt. In dem kurzen abschließenden Gespräch sagte er mir dann, dass er mir zwar jetzt verzeihen würde, es aber nicht vergessen könne, wie ungehorsam ich gewesen sei. Eine Grundhaltung, der ich später noch bei vielen Menschen begegnet bin: Verzeihen ja, vergessen nein.

Irgendwo habe ich einmal bei einem Vortrag den Satz gehört: „Die Menschen vergessen, wie du heißt; die Menschen vergessen, was du gesagt hast; die Menschen vergessen, was du denkst – aber sie vergessen niemals, was du sie hast fühlen lassen!“

Das Zitat fasst kurz zusammen, wie tief sich verletzte Gefühle in der Erinnerung verankern. Jeder weiß das. Und deshalb weiß jeder auch, dass es in der Tat nicht leicht ist, zugleich mit der Vergebung auch alles zu vergessen. Andererseits: Was wäre das für eine Vergebung, wenn man jemandem, der um Entschuldigung bittet, sagen würde: „Ja, ich vergebe dir aus ganzem Herzen, aber ich werde nicht vergessen, was du mir angetan hast." Dann nämlich steckt im großmütigen Akt der Vergebung noch eine unausgesprochene Drohung: „Sieh dich vor, du hast mich verletzt. Ich bin nachtragend!"
Das Vergessen gehört zur vollkommenen Vergebung dazu. Wer hingegen sagt, dass er verzeihen, aber nicht vergessen könne, der bleibt auf dem halben Weg der Versöhnung stehen. Die Erfahrung – und die Hirnforschung – zeigt, dass die zweite Hälfte des Weges, das Vergessen, oft die schwerere ist.
Ich meine aber, dass es das Ziel jeder echten Vergebung sein muss, auch zu vergessen, was vorgefallen oder gesagt worden ist.
Die wahre Herausforderung bei der Vergebung ist die des Vergessen-Wollens.

Flucht oder Vergebung – Welche Wege führen zueinander?

Bevor ich meine jetzige Stelle antrat, war ich für ein paar Wochen bei meinem Namensvetter und Mitbruder in Melbourne, der dort die deutschsprachige Pfarrei betreute. Das ist fast 30 Jahre her und dennoch sind mir einige Dinge sehr lebendig im Gedächtnis geblieben.

Darunter besonders ein Gespräch mit einer damals schon sehr alten Dame, die mir von ihrer Auswanderung berichtete. Wie sie wochenlang mit dem Schiff nach Australien fuhr, um dort eine Stelle anzunehmen, die ihr deutscher Arbeitgeber ihr angeboten hatte. Wie sie allein in das fremde und fremdartige Land kam, sich eine neue Existenz aufbauen musste, Freunde finden musste, kaum Besuch von der Familie bekam und kein Geld hatte, regelmäßig zu Besuchen nach Deutschland zu fahren. Sie hatte in der deutschsprachigen Pfarrei Anschluss gefunden. Ein Stück der Heimat, die sie gerade verlassen hatte, war für sie hier spürbar. Sie traf Menschen mit denselben Erfahrungen und denselben Problemen.
In meiner Unerfahrenheit dachte ich anfangs, es seien alles Abenteurer, die in den 60er- und 70er-Jahren des vorigen Jahrhunderts nach Australien auswanderten. Durch viele Begegnungen und offene Gespräche mit den Menschen, die zu der deutschsprachigen Pfarrei kamen, wurde mir klar, wie viele unterschiedliche Motive es gab, die Heimat zu verlassen und woanders, auf einem fremden Kontinent am Ende der Welt, neu anzufangen. Das hatte oft nichts mit Romantik und Reiselust zu tun. Im Gegenteil: Viele Auswanderer waren sogar recht ängstliche Leute. Sie waren verunsichert, tastend und nach vielen Jahren in der Fremde enttäuscht und auch abgestumpft.
Durch vertrauensvolle Begegnungen und offene Gespräche, die manchmal schon den Charakter eines Geständnisses hatten, wurde mir immer bewusster, dass Auswanderung auch aus Resignation geschieht, aus Rache an der Familie, die daheim den Schmerz der Auswande-

rung eines Kindes ertragen muss, und als Flucht. Als Kind von Flüchtlingen ging mir dieses letzte Motiv besonders nahe. Es interessierte mich und ich begann, mich besonders für die Frage zu interessieren, wovor die Menschen davongelaufen waren. Manche hatten die kriegsbedingte Flucht der Eltern einfach fortgesetzt. Andere aber waren vor den Konflikten in der Familie davongelaufen, vor der enttäuschten Liebe, vor Missbrauch oder unerträglicher Brutalität im Elternhaus.

Zwei Dinge wurden mir immer deutlicher: Man muss – erstens – mit den Menschen sprechen, um die Wege zu verstehen, die sie gehen und man kann – zweitens –, wenn man flieht oder wegläuft, keine Versöhnung finden.

So habe ich angefangen, gerade diejenigen, die vor meist vielen Jahrzehnten vor irgendetwas davongelaufen waren, zur Versöhnung zu bewegen. Eine Frau habe ich gefragt, ob sie schon einmal für ihren Vater, der ihr viel Böses getan hatte, gebetet hat? Sie schaute mich an, als hätte ich nicht alle Tassen im Schrank. Mit abwehrendem Entsetzen sagte sie mir, dass sie darauf nicht einmal im Traum gekommen sei. Wir haben es dann gemeinsam versucht. Immer wieder. Wochenlang habe ich ihr als eine Art geistlicher Hausaufgabe aufgegeben, für ihren Vater, der schon lange verstorben war, zu beten. Viel später, da war ich schon wieder in Europa, schrieb sie mir in einem bewegenden Brief, dass dieses Gebet für ihren Vater und die Bitte um die Kraft zur Vergebung der Beginn einer Herzensversöhnung gewesen sei, die sie zu einem tiefen inneren Frieden und Glück geführt habe. Erst durch das Gebet habe sie eine innere Haltung entwickeln können, aus der heraus sie ihrem Vater wirklich von ganzem Herzen verzeihen konnte.

Traumata – Flüchtlinge gestern und heute

Ein paar Tage lang war ich zusammen mit den Eltern eines kleinen Mädchens sehr in Sorge. Bei einer Routineuntersuchung des Mädchens wurde ein schwerer Herzfehler festgestellt. Die Kleine war zwei Jahre alt und musste sofort operiert werden. Sie hat alles gut überstanden und ist inzwischen ein nettes junges Mädchen. Kerngesund und munter.
Als ich viele Monate nach ihrer damaligen Operation mit ihrer Mutter sprach, sagte diese mir, es sei schon erstaunlich, was Kinderpsychologen leisteten. Die Tochter sei eine ganze Weile nach der OP in einer speziellen Behandlung für posttraumatische Störungen bei Kleinkindern gewesen. Diese Behandlung habe sicher dazu geführt, dass die Tochter keinerlei psychische Belastungen von diesem schweren Eingriff davongetragen habe.
Ich musste an die Kriegsgeneration und an meine Eltern denken. Spät erst, da war ich sicher schon über 40 Jahre alt, wurde mir deutlich, dass vieles, was meine Eltern taten, nur unter Berücksichtigung dieser nie behandelten Traumata, die sie im Krieg und auf der Flucht erlebt hatten, zu verstehen ist.
Meine Geschwister und ich hatten schon als Jugendliche, angeregt durch den Geschichtsunterricht, unsere Eltern viel nach ihren Erlebnissen gefragt. Aber wir bekamen

oft Antworten, mit denen wir nichts anfangen konnten. Wenn überhaupt, bekamen wir die Erlebnisse nur zusammenhangslos berichtet, sodass uns die wahren Dimensionen des Leids, der Entbehrungen, der Angst, des Hungers, nicht deutlich wurden. Früher dachte ich, dass die Eltern uns davor bewahren wollten. Heute denke ich eher, dass ihre tief sitzende Traumatisierung diese zersplitterten Erinnerungen hervorgebracht hat.
Es war meiner Mutter faktisch nicht möglich, über alles, was sie erleben musste, zu sprechen. Zu sehr wurde sie dann wieder in den Strudel ihrer eigenen Angst hinabgerissen. Mein Vater erzählte mir einmal, wie intensiv meine Mutter in späteren Jahren Nacht für Nacht vom Krieg träumte.
Das Schweigen derer, die den Krieg erlebt haben, erschien mir später immer wieder wie eine nie abgesprochene, aber allgegenwärtige Übereinkunft zur Verschwiegenheit. Sie haben alles mit sich selber ausgemacht und alles in sich hineingefressen, weil sie die Wölfe nicht wecken wollten.
Wie froh können wir sein, dass wir heutzutage mit allen zur Verfügung stehenden Mitteln dafür sorgen können, dass Traumata bei Kindern behandelt werden.
Aber was ist mit den vielen heutigen Kriegsflüchtlingen, den Asylsuchenden, von deren auffälligem Verhalten mir immer wieder Lehrer, Erzieher und Kollegen erzählen? Manchmal tut es mir weh, dass ich selbst als Kind schwer traumatisierter Flüchtlingseltern hier nicht helfen kann – außer mit meinem Mitleid. Dieses allerdings ist manchmal schmerzhaft groß.

Zwei Wirkrichtungen – Heilung durch Vergebung

Gestern hatte ich die Beerdigung einer sehr alten Frau. Sie muss im Krieg, in russischer Kriegsgefangenschaft, Schlimmes erlebt haben. Sie wurde im katholischen Ermland von russischen Soldaten entführt, kam auf Umwegen in ein Gefangenenlager in Sibirien, wurde in kurzen Abständen von einem Lager in das nächste verlegt und in jedem Lager eine Art Geliebte des Aufsehers. Bei jeder Verlegung, so erzählte sie mir, war wieder die Hoffnung da, dass sich ihre Situation verbessern würde. Aber besser wurde es bis zu ihrer späten Entlassung in den 50er-Jahren nie. Was für ein Schicksal für ein nicht einmal 20-jähriges Mädchen!

Und dennoch war sie eine grundgütige und fröhliche Frau, oft gut gelaunt und von einer beneidenswerten Ausgeglichenheit. Sie war ohne jede Bitternis und voll Dankbarkeit, dass sie so alt werden durfte.

Ich habe im Laufe meines Lebens immer wieder Menschen aus dieser Generation und mit ähnlichen Schicksalen kennengelernt. Nicht zuletzt ging es auch der Familie meiner Mutter, und insbesondere meiner Mutter selbst, sehr ähnlich. Jedes Mal staune ich, wie sehr die Kraft der Vergebung viele dieser Menschen auch nach schlimmen und schlimmsten Erlebnissen positiv geprägt hat. Meine Mutter war durchaus ähnlich, nur konnte sie bis kurz vor ihrem Tod über ihre schlimmen Erfahrungen kaum sprechen.

Wie kann es sein, dass Menschen nicht verbittert sind, obwohl sie vom Schicksal her allen Grund dazu hätten? Wie kann man ein weites, frohes und freies Herz haben,

auch wenn einem (nicht nur im Krieg) Schlimmes widerfahren ist? Ich glaube, dass man mit dieser Frage den Kern dessen berührt, was Heilung bedeutet.
Heilung geschieht immer durch Vergebung.
Die Vergebung hat zwei Wirkrichtungen: Einmal zu demjenigen hin, dem vergeben wird, und einmal für einen selbst. Anders gesagt: Jemandem zu vergeben – selbst wenn man um diese Vergebung nicht gebeten wird –, wirkt immer auch heilend für einen selbst. Manchmal vergibt man Menschen, damit man im eigenen Herzen Ruhe und Frieden findet.
Vielleicht hatte die Kriegsgeneration dieses geheime Gesetz der Vergebung erkannt. Millionen Menschen müssen sich damals gesagt haben: „Ich muss vergeben, sonst bekomme ich keinen Frieden im Herzen."

Versöhnungsbereitschaft – Stärke oder Schwäche?

Bei einem Besuch in meiner Heimat traf ich mich mit einem Freund. Dieser sagte mir in dem Gespräch, er habe es satt, sich dauernd zu entschuldigen. Das werde ihm eher als Schwäche, denn als charakterliche Stärke ausgelegt.
Ganz Unrecht hat er nicht, denn in der Tat wandert der, der sich für irgendetwas entschuldigen kann, auf einem schmalen Grat. Es gibt diese so schwierige Situation, dass einem alles – ganz gleich, was man tut – zum Negativen ausgelegt wird. Jede Bitte um Verzeihung kann als Zeichen für Schwäche umgedeutet werden und jede Entschuldigung kann etwas offenlegen, das die andere

Seite als Schwäche interpretiert. Oft genug wird dann erst recht der Finger in die vermeintliche Wunde gelegt. Jede hingehaltene Hand kann im anderen Böses wecken. Wie soll man in solchen Fällen reagieren?
Ich bin oft ratlos, wie ich mich in solchen Fällen verhalten soll und was ich anderen raten kann.
Die Vernunft rät etwas anderes als die Spiritualität. Geistlich betrachtet würde man immer sagen: Wage es, deine Schwächen zu zeigen, und fühle dich beschützt, wenn du Vergebung und einen Neubeginn anbietest. Dieser geistlichen Haltung aber widerspricht die Erfahrung, dass die Bitte um Verzeihung oft genug als Schwäche angesehen wird. Denn es gibt leider Situationen, in denen man mit Versöhnungsbereitschaft zunächst Ungutes bewirkt. Da ist guter Rat nun wirklich teuer.
Ein besonderes Hemmnis scheint zu sein, dass viele Menschen glauben, sie müssten ihr Innenleben, vor allen Dingen ihre persönlichen Schwächen und Sinnfrustrationen, vor anderen verbergen, um akzeptiert zu werden. Erträglich wird doch das Leben erst dann, wenn man nicht dauernd charmant und unwiderstehlich sein muss, sondern auch Schwächen haben darf.
Man kann erst dann wieder Vertrauen zu anderen Menschen haben, wenn man sich selbst vertraut; aber – und das ist das Eigentümliche – man kann nur Selbstvertrauen gewinnen, wenn man immer wieder bereit ist, anderen Vertrauen zu schenken. Zu diesem Vertrauen gehört wohl auch das Risiko, in bestimmten Fällen mit echter Versöhnungsbereitschaft das Gegenteil dessen zu bewirken, was man bewirken möchte.

Vertrauen und Misstrauen – Zwei grundverschiedene Gegenspieler

Im Rückblick auf meine vielen Dienstjahre (über 30) muss ich sagen, dass ich mehr Misstrauen bei den Menschen – auch mir gegenüber – spüre, als früher. Wahrscheinlich gibt es dafür sehr vielfältige Ursachen. Fakt aber ist, dass ich heute immer seltener auf das Vertrauen bauen kann, dass die Dinge, die ich entscheide und durchsetzen möchte, gut und vernünftig sind. Das würde ich verstehen, wenn es irgendeinen Grund dafür gäbe. Aber den gibt es aus meiner Sicht nicht. Ich habe immer im Konsens mit den Räten und Mitarbeitern gehandelt und meine, dass wir in den vergangenen Jahren und Jahrzehnten keine weitreichenden Fehlentscheidungen getroffen haben. Es gibt aus meiner Sicht keinen Grund für jenes Misstrauen, dem ich begegne.

Das bringt mich immer wieder zum Nachdenken über dieses merkwürdige Phänomen des Misstrauens: Das Schlimme am Misstrauen ist seine Ungreifbarkeit.

Es wabert durch Sitzungen und Begegnungen, aber es ist nicht fassbar. Misstrauen hat die Eigenschaft, sich zu verbergen. Misstrauen hält sich bedeckt. Nur ganz selten zeigt es sich offen. Misstrauen scheut die Auseinandersetzung und die direkte Konfrontation. Misstrauen entzieht sich sachlicher Argumentation. Es bildet sich nicht aus Argumenten und es ist mit Argumenten nicht zu bekämpfen.

Misstrauen behindert beide: denjenigen, dem es begegnet, und denjenigen, der es hat. Wer Misstrauen hat, der beschränkt sich selbst und seine Wahrnehmungsmöglich-

keiten. Er blendet alles aus, was das Misstrauen mindern könnte. Misstrauen kennt nur eine einzige Nahrungsquelle: neues Misstrauen. Misstrauen dreht sich um sich selbst und nährt sich aus sich selbst. Deshalb dreht sich der Misstrauische im Kreis. Er kommt nicht vom Fleck.
Misstrauen verschließt sich sozialen Erfahrungen, denn der Misstrauische sucht in seiner Fokussierung ständig die Bestätigung für sein Misstrauen. Die Mitmenschen eines Misstrauischen begegnen ihm nur als Lieferanten für weiteres Misstrauen. Sie sind die Statisten in dem einsamen Spiel, dem der Misstrauische alles unterwirft. Er dreht seine traurigen Kreise wie ein von aller Empfindung abgestumpftes Zirkuspferd seine einsamen Runden in der sandigen Manege dreht.
Der Misstrauische misstraut allem, außer seinem eigenen Urteil. Misstrauen und Feindschaft sind Nachbarn – wie ein alter Spruch sagt.
Wie kann man die Verbrüderung von Misstrauen und Feindschaft als Außenstehender verhindern, wenn jeder Versuch, es zu überwinden, wieder neues Misstrauen weckt?

Misstrauen unterliegt ganz eigenen Heilungswegen. Man kann Misstrauen nicht direkt therapieren. Es dauert lange, bis ein misstrauischer Mensch sein Misstrauen durch Vertrauen ersetzen kann. Eines aber ist sicher: Die Überwindung von Misstrauen wird therapeutisch nur dann funktionieren, wenn man das Misstrauen nicht direkt bekämpft. Es muss an anderer Stelle im Herzen Vertrauen wachsen und wenn ein Misstrauischer dadurch irgendwann die positive Erfahrung macht, dass Vertrauen möglich ist, dann bleibt letztlich nur die Hoffnung, dass die positive Erfahrung von Vertrauen das auf anderen Gebieten vorhandene Misstrauen überwuchert – im besten Fall wird es so gut wachsen, dass es das Misstrauen erstickt.

Bleibt nur die Frage: Wie erzeugt man Vertrauen in anderen Menschen? Vielleicht am ehesten dadurch, dass man immer wieder bereit ist, Vertrauen zu schenken?

Misstrauen ist nicht das Gegenteil von Vertrauen. Misstrauen ist anders angesiedelt. Es wurzelt in dem tiefen Grund der beschädigten Stellen einer Seele. Misstrauen fällt als Same von Verletzungen und negativen Erfahrungen. Misstrauen hängt mit erlebtem Verrat zusammen, mit gebrochenen Versprechungen, mit der Erfahrung von Lüge und Verleumdung.
Deshalb fällt das Misstrauen mal auf bereiteten Boden und mal auf weniger bereiteten. Immer aber ist Misstrauen die Fortsetzung von etwas, das bereits im Herzen eines Menschen besteht.
Vertrauen ist von anderer Art. Es fällt auf denselben Acker wie Misstrauen, aber auf andere Bereiche. Auf Bereiche, die viel weniger kontaminiert sind. Vertrauen ist nicht so emotional wie Misstrauen. Vertrauen schaltet den Verstand nicht aus. Es löst kein Flucht- oder sonstwie geartetes Vermeidungsverhalten aus. Vertrauen ist dialogisch. Es bezieht sich auf etwas und letztlich auf jemanden, der dieses Etwas repräsentiert. Misstrauen wirft den Menschen immer zurück auf sich selbst. Misstrauen verhindert die Bereitschaft zum Dialog und zur Begegnung. Misstrauen ist – verhaltensbiologisch betrachtet –

ein Vermeidungsverhalten. Es basiert auf der Erfahrung, dass Menschen einem wehtun können. Der misstrauische Mensch fragt nach seiner inneren Stimmungslage, danach, wie es ihm selber geht. Hingegen hat der Mensch, der vertraut, die Beziehung zwischen sich und anderen Menschen im Blick. Vertrauen wirft den Menschen nicht auf sich selbst zurück. Es ist weniger egoistisch. Misstrauen ist ein Schutz des Egos vor neuen Verletzungen vor dem Hintergrund bereits erfahrener Verletzungen oder ernstgenommener Warnungen.

Misstrauen verschließt sich gegenüber anderen Menschen. Vertrauen öffnet sich auf ein Du hin.

Sprachlich mögen die beiden Wörter zwei gleichwertige Entgegensetzungen bezeichnen. Das, was sie bezeichnen, sind keine direkten Entgegensetzungen, so wie plus und minus. Die positiven Emotionen, die bei Vertrauen im Spiel sind, können die hohen emotionalen Anteile des Misstrauens nicht aufwiegen.

Deshalb kann man Misstrauen auch nicht einfach in Vertrauen umwandeln. Der Wechsel vom Misstrauen zum Vertrauen ist nicht mit einem schlichten Entschluss getan. Der misstrauische Mensch muss gewonnen werden. Er muss befreit werden aus dem Einschluss in sich selbst, zu dem sein Misstrauen ihn führt. Schrittweise muss er zu der Erkenntnis geleitet werden, dass seine Angst vor weiteren Verletzungen unbegründet ist. Misstrauen kann man nicht damit beheben, dass man dem Menschen sagt, er solle mehr vertrauen. Den Misstrauischen kann man nur sehr langsam überzeugen. Er selbst muss zu der inneren Gewissheit gelangen, dass sein Misstrauen als Schutz nicht notwendig ist.

Misstrauen hat eine ansteckende Eigenschaft. Wie beim Fluchtverhalten in Rudeln oder Schwärmen kann Misstrauen als Warnsignal andere Menschen aufschrecken und mitreißen.
Vertrauen hat diese Möglichkeiten nicht. Vertrauen ist nicht in derselben Weise ansteckend wie Misstrauen. Vertrauen steht oft allein auf der einen Seite gegen geballtes Misstrauen auf der anderen.

„Welch Glück, geliebt zu werden! – Und lieben, Götter, welch ein Glück!" (Goethe)

Wenn ich Hochzeiten habe, scheint es mir wichtig, die zumeist jungen Brautleute darauf hinzuweisen, dass die Liebe eine große Herausforderung ist. Am Anfang erscheint die Liebe nicht schwer. Da befremden die Worte „in guten und in bösen Tagen" vielleicht manche Braut und manchen Bräutigam. Erst nach Jahren und Jahrzehnten merkt man, wie schwer es wirklich ist, mit ganzem Herzen und mit aller Kraft zu lieben.
Es ist schnell gesagt, dass der Hochzeitstag der schönste Tag im Leben ist, aber eine solche Verklärung des Hochzeitstages ist durchaus problematisch, denn da klingt ja mit: Von nun an geht's bergab! Die Ehe besteht aber bei Weitem nicht darin, ständig zu dem schönsten Tag, den man einmal hatte, zurückzuschauen. Das Leben hält mehr für jeden Menschen bereit, als ein paar wenige „schönste Tage".
Aber wer liebt, der weiß auch, dass es schlimme Tage im Leben gibt. Diese Realität der Liebe „in guten und

in bösen Tagen" anzunehmen, ist schon ein Geheimnis ihres Gelingens.
Wir wissen, dass die Liebe wunderschön ist, aber zu lieben, fällt keinem von uns in den Schoß. Wer lieben will, der muss auch von Anfang an bereit sein, an der Liebe zu arbeiten.
Zu lieben bedeutet eben auch, dass man sich immer wieder aufraffen muss, dass man unermüdlich bereit sein muss, den ersten Schritt zu tun, dass man ständig aufpassen muss, nicht voneinander wegzudriften.
Wer sich auf den manchmal steinigen Weg der Liebe macht, der muss sich selbst, sein Denken und sein Tun, immer wieder zu hinterfragen bereit sein. Zu lieben bedeutet immer, auf einen anderen, auf ein Du, verwiesen zu sein. In dieser sozialen Komponente der Liebe liegt zugleich auch ihre theologische, denn nur der, der sich immer wieder bereit erklärt zur Vergebung, zum Neubeginn und zum Bekennen des eigenen Versagens, kommt auf dem Weg der Liebe, die uns aufgetragen ist als die Erfüllung des ganzen Gesetzes, voran.
Zu lieben ist harte Arbeit. Aber Arbeit an sich selber und nicht am anderen!

Die Hochzeit zu Kana – Die drei Phasen der Liebe

Vor langer Zeit kam einmal ein Ehepaar zu mir, das ich wenige Jahre vorher getraut hatte. Im Gespräch sagte der Mann: „Unsere Krüge sind leer." Ich wusste zunächst nicht, was er meinte, aber er erinnerte mich an die Brautmesse, in der ich über das Evangelium von der

Hochzeit zu Kana gepredigt hatte: Jesus ist zu einer Hochzeit eingeladen; der Wein geht bei der Feier aus; Jesus bittet seine Jünger, Krüge mit Wasser zu füllen und dieses Wasser verwandelt sich dann in Wein, der besser ist als jener, der ausgegangen war. So lautet in aller Kürze das Evangelium.
Der Mann griff diese Beschreibung der leeren Krüge auf. Sie scheinen mir das Symbol einer Phase zu sein, in die jede Liebe kommt.
Insgesamt spricht dieser schöne Text der Hochzeit zu Kana von drei Phasen der Liebe.

Am Anfang einer jeden Liebe ist genügend Wein da. Die Krüge sind voll. Das lehrt die Erfahrung und das weiß jeder, der schon einmal geliebt hat. Der Anfang der Liebe ist leicht. Da ist man meistens jung, da steht einem die Welt offen, da öffnen sich neue Welten, da beginnt eine große, weite Hoffnung.
In der ersten Phase wird von dem Wein der gemeinsamen Liebe gekostet, wie auch die Menschen auf der Hochzeit zu Kana den Wein getrunken haben, der am Anfang da war.
Langsam aber – so macht uns das Evangelium deutlich – werden die vollen Weinkrüge der ersten Liebe leerer und leerer. Die Menschen merken es zunächst nicht. Die Party geht weiter – das Leben zieht seine Kreise. Die Jahre laufen dahin.
Aber irgendwann im Leben kommt die Stunde, in der die Liebenden erschreckt merken, dass die Krüge leer geworden sind. Es tut weh, das festzustellen.
Auch das gehört zu dieser so eigentümlichen, tiefen Wirk-

lichkeit der Liebe, dass es weh tut, wenn wir erschüttert vor den leeren Krügen stehen und gezwungen sind festzustellen, dass die Liebe in der Realität angekommen ist. Die Liebe, so scheint es, hat sich verbraucht. Die rauschende Party des Lebens ist vorbei.
Dann beginnt eine neue, zweite Phase der Liebesgeschichte.
(Nebenbei bemerkt: Viele Menschen scheinen heute diese zweite Phase kaum noch zu erleben. Sie denken, dass die große Liebe vorbei ist, wenn die Krüge leer sind.)

Nach dem Evangeliumstext beginnt nun, wo die Weinkrüge der Liebe leer geworden sind, die Zeit, in der sie mit Wasser gefüllt werden müssen.
Was bei der Hochzeit zu Kana in wenigen Augenblicken geschieht, das dehnt sich im Leben manchmal über Jahre aus.
Dieses Wasser steht für die vielen Fragen an Gott nach den Schmerzen, die er uns zufügt, nach dem Ausgeliefertsein des Menschen an die Unvollkommenheit dieser Welt und der Grausamkeit des Liebesschmerzes, der das Herz zu zerdrücken droht. Es steht für die Sorgen, die kommen, wenn sich die Dinge anders entwickeln, als wir es gerne hätten. Jede Hoffnungslosigkeit, jede Mutlosigkeit, unsere Verzweiflung, Trauer und Schwermut, der Kummer über die Unsinnigkeit dessen, was geschieht, der die Seele quält – das alles ist Wasser, das die Krüge füllt.
Das Wasser der Trauer, das Wasser des Leids, das tropfenweise in die Krüge läuft, das Wasser des Haderns mit Gott und all den bohrenden Fragen, die sich stellen, das

Wasser der zittrigen Knie unserer Machtlosigkeit, das Wasser des vergeblichen Hineinlauschens in die Stille der Nacht, aus der keine Antwort kommt.
Aber der Text aus dem Johannesevangelium sagt auch, dass kein Tropfen all dessen, was über Jahre wie Wasser in die leeren Krüge hineinfließt, verloren ist. Die Krüge sind ein Sammelbecken für dieses Wasser, bis sie randvoll sind.
Dann aber leuchtet vom Ursprung dieses Bibeltextes her eine Verheißung durch, die uns sagt: Für das große Wunder der Liebe braucht Gott nicht unsere vollen Krüge, sondern jene leeren Krüge, in die durch unser Leben das Wasser in seiner vielfältigsten Form hineinläuft.
Der Text zeigt uns bei dieser Betrachtungsweise, dass mit den leeren Krügen eine ganz neue Form des Liebens beginnt. Am Ende sehen wir: Die leeren Krüge waren nicht das Ende und die Tränen, die in sie hineinflossen, offenbaren sich als der Anfang von etwas Neuem. Denn irgendwann wandelt sich dieses Wasser in Wein.

Man weiß nicht, wann sich das Wunder der Wandlung vollzieht. Es geschieht, ohne dass man es zunächst merkt. Der Text über die Hochzeit zu Kana offenbart etwas über das wirklich Großartige an der Liebe: Sie befindet sich ständig in einem Prozess der Vollendung. Ein Leben lang wandelt sie sich in das Größere ihrer selbst, wie sich das Wasser in Wein wandelt.
Mit einem Mal ist guter Wein da! Man spürt ihn und weiß, dass gerade die Tränen, die in die Krüge geflossen sind, sich auf unerklärliche und wundersame Weise in reinen Wein gewandelt haben.

Mit Gottvertrauen geht's weiter – Von Stolpersteinen und Seelenpflastern

Immer dasselbe – Die Spiritualität des „Wiederkäuens"

Mir hat einmal ein junger Erwachsener gesagt, er würde nicht mehr zur Beichte gehen, weil er immer nur dasselbe beichten würde.
Was die Erfahrung betrifft, dass man oft dasselbe beichtet, gebe ich ihm völlig recht. Was seine Folgerungen daraus betrifft, allerdings ganz und gar nicht.
Ich selbst beichte auch meistens dasselbe. Irgendwann ist man halt dort angekommen, wo man merkt, dass man hart an sich arbeiten muss. Das misslingt immer und immer wieder. Man kann sich noch so oft etwas vornehmen, jeder weiß, wie schwierig es ist, diese Vorsätze in die Tat umzusetzen – zumal dann, wenn sie sich auf Haltungen und Fehler beziehen, die man schon lange hat.
Es hat wohl auch etwas mit Demut zu tun, wenn man erkennen muss, wie schwer es ist, geistlich voranzukommen. Besonders hart wird das, wenn man sich nicht auf die Tatsünden bezieht, sondern auf die Unterlassungssünden. Das sind jene Sünden, die dadurch entstehen, dass man etwas Gutes nicht tut. Wer sich auf diesen Bereich bezieht, der wird bald merken, dass die Liebe – um es einmal ganz allgemein zu sagen – nach oben offen ist. Man kann immer noch mehr leben, immer noch mehr Verständnis haben, mehr Geduld, mehr Vertrauen und so

weiter. Man kann immer noch mehr für andere da sein, noch geduldiger zuhören, noch mehr beten.
Ich halte es für durchaus heilsam, wenn man feststellt, wie sehr man oft in der eigenen Marinade liegt und wie unendlich schwer es wird, unermüdlich auf dem Weg, ein besserer Mensch zu werden und sich tiefer auf die Liebe Gottes einzulassen, vorwärtszukommen.
Anders gesagt: Wenn man feststellt, dass man aus dem eigenen Ich und seinen Bindungen nicht so leicht herauskommt, dann beichtet man in der Tat immer dasselbe. Das gehört zur Natur des geistlichen Lebens. Man könnte andersherum auch sagen: Wer immer dasselbe beichtet, der weiß, dass er dort angekommen ist, wo für ihn die Arbeit an sich selber beginnt. Das ist doch schon mal etwas sehr Positives.
Natürlich kann ich den Überdruss eines jeden verstehen, der ständig über dieselben Fehlhaltungen und Unterlassungen stolpert. Aber das gehört mit zum geistlichen Leben. Wer immer dasselbe zu beichten hat, der sollte eher froh sein, anstatt zerknirscht. Beichten ist ein bisschen wie das Wiederkäuen der Kühe.

In katholischen Kreisen genießt der jüdische Maler Marc Chagall ein hohes Ansehen. Er hat auf seinen Kirchenfenstern und Bibelillustrationen immer wieder Kühe gemalt, um den Betrachter daran zu erinnern, wie sehr der Mensch durch das Wiederkäuen reift.
Wenn man es so betrachtet, dann kann auch die stets wiederkehrende Auseinandersetzung mit der eigenen Unzulänglichkeit als ein spiritueller Akt des Wiederkäuens gedeutet werden.

Erfahrung und Vorurteil – Was die Jahre so mit sich bringen

Mein Beruf bringt es mit sich, dass ich immer noch viel mit Jugendlichen und jungen Erwachsenen zu tun habe. In den letzten Jahren fällt mir verstärkt auf, wie viele Vorurteile diese jungen Menschen haben. Manchmal frage ich mich, ob ich in jungen Jahren genauso war. Wahrscheinlich schon.

Auf jeden Fall habe ich dieses Thema bei passender Gelegenheit einmal bei einem Psychologen angesprochen, der zufällig bei einem Abendessen neben mir saß.

Er meinte, dass Vorurteile häufig als Ersatz für Erfahrungen dienen würden. Da man mit zunehmendem Alter mehr Erfahrungen bekomme, könne man diese auch leichter an die Stelle von Vorurteilen setzen. Vorurteile seien oft Platzhalter, bis ein Mensch genügend eigene Erfahrungen gemacht habe, um sich ein eigenes, reflektiertes Urteil bilden zu können.

Mir hat damals diese Erklärung sehr geholfen. Sowohl bei der Interpretation meiner eigenen Vorurteile, als auch im Umgang mit (jungen) Menschen, die ein mit Vorurteilen belastetes Denken haben.

Die Erklärung des Psychologen zielte darauf ab, dass normalerweise Vorurteile im Laufe des Älterwerdens abgebaut und durch echte, eigene Urteile ersetzt werden. Das scheint mir durchaus schlüssig.

In diesem Zusammenhang erscheint es aber besonders schlimm, wenn auch Menschen im fortgeschrittenen Alter noch von ihren Vorurteilen beherrscht werden. Sie sind offenbar nicht in der Lage, ihre – zum Teil uralten – Vorur-

teilsstrukturen zu überprüfen und gegebenenfalls zu revidieren. Vielleicht sind im Alter immer noch bestehende Vorurteile ein Zeichen für geistige Bequemlichkeit. Will sagen: Wenn man nun schon so lange mit Vorurteilen gut gefahren ist, weshalb soll man sich dann im Alter noch der Mühe unterziehen, diese zu überprüfen und bestenfalls durch neue, eigene Urteile zu ersetzen?
Kann man einem jungen Menschen seine Vorurteile noch nachsehen und sie wie Hilfsräder betrachten, mit deren Unterstützung der Geist zunächst einmal Er-*fahr*-ungen sammelt, so sind sie im Alter vielleicht doch untrügliche Anzeichen für Erstarrung.

Von Geburtstag zu Geburtstag – Die Zeit vergeht immer schneller

Kurioserweise ist das Leben gerade dadurch wertvoll, dass es irgendwann einmal definitiv zu Ende sein wird. Ohne Sterblichkeit würde alles in reizloser Banalität versinken. Alles wäre vollkommen gleichgültig.
So betrachtet ist es eben nicht schade, dass dieses Leben begrenzt ist, sondern seine Begrenztheit ist das, was es wertvoll macht und was uns vor die Herausforderung stellt, jeden Tag zu einem guten Tag werden zu lassen. Wir wissen, dass die Zeit kostbar ist, dass sie schnell vergeht und – das vor allem! – dass wir selbst dafür verantwortlich sind, was wir mit der Zeit machen, die uns gegeben ist.

Die Zeit ist ein merkwürdiges Phänomen. Wenn man jung

ist, dann hört man das Klagen der Alten darüber, wie schnell die Zeit vergeht, nicht gern. Junge Menschen halten offenbar solche Aussagen für eine dieser typischen Weisheiten der Erwachsenen. Eine Art Schlaumeierei, die mit dem Alter zu kommen scheint.
Dann aber, je älter man wird, stellt man fest, dass man selbst genau dieses zu empfinden beginnt: Die Zeit vergeht tatsächlich immer schneller.
Wie steht es aber um das Phänomen? Wie kann man es sich erklären, dass es für das Kind vom ersten Advent bis zum Heiligen Abend eine schier unüberbrückbar lange Zeit war, während man dann als Erwachsener dieselbe Zeitspanne wie im Fluge erlebt? Weshalb glaubt man als Zehnjähriger, dass ein 20-Jähriger steinalt ist?
Meines Erachtens ist es so: Von Geburtstag zu Geburtstag wird der Anteil, den ein Jahr an den schon gelebten Jahren ausmacht, geringer – deshalb vergeht die Zeit schneller. Anders gesagt: Wenn ein Neunjähriger zehn wird, dann erlebt er in diesem einen Jahr eine Zeitspanne, die relativ zu seinem bisherigen Gesamtleben ein Zehntel (10 %) bemisst. Wenn ein 49-Jähriger 50 wird, dann erlebt er innerhalb dieses 50. Lebensjahres relativ zu seinem bisherigen Gesamtleben nur noch ein Fünfzigstel (2 %). Um also – relativ zum bisherigen Gesamtleben – auf denselben Zeitanteil zu kommen wie der Neunjährige, der zehn wird, um also auf 10 % seines bisherigen Gesamtlebens zu kommen, benötigt ein 49-Jähriger fünf Jahre.
Das eine Jahr, das er als 49-Jähriger erlebt, ist nun verglichen mit dem einen Jahr, das ein Neunjähriger erlebt, fünfmal kürzer. Das ist der Grund, weshalb man mit zu-

nehmendem Alter meint, dass die Zeit schneller vergeht. Man nimmt nämlich die Zeit nicht objektiv wahr, sondern stark subjektiv, indem man sie in Beziehung zu der Zeit setzt, die man schon erlebt oder gelebt hat.
Von hierher öffnet sich ein anderer gedanklicher Zugang zum Phänomen der Zeit.
Das wird vor allen Dingen dann deutlich, wenn man nicht auf den Verlauf der Zeit schaut, sondern auf jeden einzelnen Zeitpunkt. Dann erkennt man, dass gerade die Endlichkeit allen Seins jeden Augenblick kostbar macht!

Vom Spätsommer zum Herbst – Das Alter kündigt sich sanft an

Kurz nach meinem 60. Geburtstag hatte ich einen Abendtermin, der sich bis spät in die Nacht hinzog. Ich glaube, es war irgendeine Sitzung. Als ich dann gegen 22.30 Uhr zurück ins Haus kam, lag der einmal wöchentlich erscheinende Rundbrief der politischen Gemeinde auf dem Fußboden vor mir. Dazu muss man wissen, dass die Post bei mir durch einen Schlitz in der Haustür – ohne einen inneren Briefkasten oder Auffangbehälter – direkt auf den Fußboden fällt.
Ich sah den Rundbrief dort liegen und dachte mir, dass ich mich dafür jetzt nicht zu bücken bräuchte, denn lesen würde ich ihn am Abend nicht mehr und am nächsten Morgen müsste ich mich ja ohnehin wieder bücken, um die Zeitung aufzuheben.
Erst viel später kam mir der Gedanke, dass das wohl die ersten Anzeichen des Alters sind. Bei mir wenigstens.

Vielleicht zeigt sich das Alter bei jedem ein wenig anders. Aber es ist mit dem Alter, wie wenn sich der Herbst bereits im Spätsommer ankündigt. Irgendwann ist es das Licht am Morgen oder ein ganz leicht verfärbtes Blatt, das der Spätsommerwind vor sich hertreibt, an dem man merkt, dass der Herbst nicht mehr lange auf sich warten lassen wird.
Diesbezüglich gibt es bei Priestern und Ordensleuten dieselbe Angst vor dem Altwerden wie bei jedem anderen Menschen auch. Nur dass man als Priester und Ordensmann mitunter von Menschen abhängig ist, denen man weniger bedeutet, als es normalerweise beim Ehepartner der Fall ist.
Es gibt nur wenige Orden, die ein eigenes Altersheim haben. Und bei den Diözesen sieht es noch schlimmer aus: die haben Milliarden oder Hunderte von Millionen auf ihren Konten, aber sie scheinen es nicht wirklich hinzubekommen, für ihre alt gewordenen und altgedienten Priester Plätze zu schaffen, wo sie in Würde altern können.

Schicksalsschläge – Fügung Gottes oder Zufall?

Ich kenne Familien, in denen sich Schicksalsschläge in nahezu schockierender Weise häufen. Da gibt es ein Ehepaar, das beide Kinder durch seltenste Krebskrankheiten verloren hat. Eine Familie, aus der gleich drei Söhne bei verschiedenen Motorradunfällen, die zeitlich weit auseinanderlagen, ums Leben gekommen sind. Ich weiß – um noch ein Beispiel zu nennen – von einer Familie, in der

sechs von acht Kindern Alkoholiker waren und die meisten am Alkoholismus zugrunde gegangen sind.
Man muss als Pfarrer lange vor Ort sein und viel Vertrauen von den Leuten bekommen, um von diesen Schicksalsschlägen zu erfahren. Sie liegen oft über viele Jahre und mehrere Generationen verteilt, aber dennoch bilden sie in bestimmten Familien eine auffällige Häufung. Während einige Familien vollkommen von schweren Schicksalen verschont bleiben und über viele Generationen hinweg alle Familienmitglieder in guter Gesundheit ein hohes Alter erreichen und friedlich sterben, gibt es andere Familien, bei denen sich über Generationen hinweg eine Tragödie an die andere reiht. Und zwar auch solche, die man nicht einfach genetisch begründen kann, wie es z. B. bei erblichen Krankheiten oder anderen genetischen Dispositionen der Fall wäre.
Ich habe in Familien, die solch schwere Bürden zu tragen haben, wiederholt festgestellt, dass sie selbst kaum danach fragen, weshalb es bei ihnen so viele verhängnisvolle Unglücke gibt. Sie scheinen ihr Los ergeben zu tragen.
Aber mich selbst lässt die Frage nicht los, ob es dafür eine Erklärung gibt. Mag sein, dass es eine solche gibt, aber ich komme nicht darauf.
Schon seit vielen Jahren denke ich darüber nach, was der Grund für derart schicksalsgeschlagene Familien sein kann. Aber ich finde keine wirklich überzeugende Antwort. Also muss ich mit der Frage weiterleben. Offenbar gibt es Fragen, die wir in diesem Leben nicht hinreichend beantwortet bekommen. Das kann man nur hinnehmen. Vielleicht muss ich mich mit der Aussicht begnügen,

dass ich mir im Himmel nicht nur Fragen stellen lassen werde, sondern auch Fragen stellen darf.
Das wäre so eine Frage: „Lieber Gott, weshalb häufen sich in bestimmten Familien die Schicksalsschläge, während andere davon vollkommen verschont bleiben?"

Memento mori – Kann man das Leben vom Ende her denken?

Je älter ich werde, desto öfter steht mir meine Endlichkeit vor Augen. *Memento mori* – heißt es so schön. *Gedenke, dass du sterblich bist*. Der Gedanke an die eigene Sterblichkeit erzeugt immer einen kleinen Stich.
Es kann sein, dass das im christlichen Mittelalter so verbreitete *memento mori* bereits aus vorchristlicher Zeit stammt.
Es wird berichtet, dass bei Triumphzügen siegreicher Feldherrn durch die Straßen Roms stets ein Sklave (meist einer aus den nordafrikanischen Provinzen) mit einem Palmwedel hinter dem Triumphator auf dem Wagen stand und ihm ständig diesen Satz zuflüsterte, der zur Bescheidenheit im Moment des höchsten Triumphes mahnen sollte.
Dieser Satz wurde später von den Theologen des Mittelalters aufgegriffen und ist seitdem in der christlichen Tradition fest verankert.
Im katholischen Beerdigungsritus heißt es am Grab des Verstorbenen: „Bedenke, Mensch, dass du Staub bist und wieder zum Staub zurückkehren wirst." Diese Worte richten sich an die anwesende Trauergemeinde.
An Aschermittwoch empfängt jeder Gottesdienstbesu-

cher das sogenannte Aschenkreuz. Es markiert den Beginn der österlichen Bußzeit und wird vom Leiter der Liturgie auf die Stirn der Gläubigen gezeichnet. Dazu wird jedem einzelnen auch dieser mahnende Spruch gesagt: „Bedenke, Mensch, dass du Staub bist und wieder zum Staub zurückkehren wirst."

Zweifellos ist das eine ziemlich wirksame Methode, Menschen auf das zu stoßen, was wichtig ist.
Sie wird deshalb auch in anderen Zusammenhängen angewandt. Ich kenne beispielsweise einen Managementtrainer, der am Beginn seines mehrtägigen Seminars die Teilnehmer mit der Aufgabe, die eigene Grabrede zu schreiben, auf ihre Zimmer schickt.
Gerade weil es so wirksam ist, Menschen an ihre Sterblichkeit zu erinnern, und gerade weil es wohl in niemandem ein angenehmes Gefühl hervorruft, wenn er sich seinen eigenen Grabstein im spätherbstlichen Regensturm vorstellt, der ein paar klebrige, gelbe Blätter über die hochglanzpolierte Oberfläche treibt, die sich im Namenszug verfangen haben, übersieht man vielleicht, wie reduziert es eigentlich ist, wenn man sein Leben vom Ende her zu begreifen versucht.
Ich glaube, dass das Ende nebensächlich wird, wenn man als Christ immer mehr versucht, sein Leben als *Sein in Gott* zu verstehen. In jedem Menschen hat ein Gedanke Gottes Gestalt angenommen. In jedem Menschen ist Gottes Ewigkeit gegenwärtig. Schon weil er Mensch ist, ist er von Göttlichem beseelt und trägt die Verheißung der Ewigkeit in sich.
Der Christ lebt nicht im Angesicht seiner Sterblichkeit

(memento mori), sondern im Angesicht Gottes. Nicht das Ende ist entscheidend, sondern der Augenblick.
Ich würde es begrüßen, wenn immer mehr Menschen von dem zunächst erschreckend wirkenden Denken an die eigene Sterblichkeit loskommen würden, um in der Gegenwart Gottes zu leben.
Jetzt, hier und heute – in jedem Augenblick pulst die Ewigkeit und die Verheißung der Unsterblichkeit in unseren Adern. Eigentlich müsste man, wenn man älter wird, nicht an die eigene Sterblichkeit denken, sondern vielmehr an die Kostbarkeit jeden Augenblicks.

Himmlische Seligkeit – Wahre Freude statt „Happy-Sein"

Es ist eine durchaus verständliche Frage, wie man sich in dieser Welt über irgendetwas freuen kann, wenn doch alles Sein endlich ist. Trübt nicht unser Wissen, dass alles irgendwann vorbei sein wird, das klare Wasser der Freude so sehr, dass es schlammig wird wie das Wasser eines abgestandenen Sees?
Anders gefragt: Wie kann man sich in diesem Leben über irgendetwas freuen, ohne dass die Sterblichkeit alle Gedanken eintrübt?
Ich glaube, dass es zu einer befreienden Definition von Freude führt, wenn man die Bestimmung des Menschen, die über dieses endliche Leben hinausweist, schon mit einbezieht.
Will sagen: Wann immer wir Freude empfinden, weist diese über das Hier und Jetzt hinaus.

Freude ist nicht nur ein einfaches „Happy-Sein“, sondern zutiefst das, was man philosophisch *Teilhabe* nennt.
Freude ist weder eine trübe Diesseitserfahrung noch eine Jenseitsvertröstung.
Echte Freude ist immer Teilhabe an der Freude der Engel! Und das schon hier auf Erden – hier und jetzt!
Immer dann, wenn ein Mensch sich wirklich freut, ist es, als wenn ein Tropfen aus dem unendlichen Meer himmlischer Seligkeit ganz still in unser Herz sinkt. Jede Freude hier auf Erden ist zugleich auch ein kurzes Aufblitzen jener Freude, auf die hin der Mensch – christlich betrachtet – geschaffen ist und die er einst in unendlicher Fülle wird genießen können. Jede Freude birgt in sich eine Verheißung unserer Ewigkeit!
Diese Verheißung ist wie eingekapselt, man muss sie suchen als den Kern jeder Freude – und manchmal auch wie eine Nadel im Heuhaufen. Dann wird Freude zur Diesseitserfüllung und Jenseitserwartung.

Dauerbrenner oder Blendwerk – Von der Unterscheidung der Geister

Mit die schwierigste Phase in seelsorglichen Gesprächen – aber auch bei der persönlichen Beurteilung von Situationen – steht im Zusammenhang mit der alten Frage: Wie können wir beurteilen, ob etwas vom Bösen oder vom Guten ist?
Dies war eine der zentralen Fragen, mit denen sich der hl. Ignatius von Loyola, der Gründer des Jesuitenordens, bereits im 16. Jahrhundert befasst hat.

Er beschreibt in seiner Autobiografie sehr persönlich, wie er zu Kriterien gelangt ist, nach denen man die Geister unterscheiden kann. Er nimmt dafür das Beispiel des Lesens in alten Ritterromanen oder in der Schrift und er beschreibt, wie er sich nach welcher abendlichen Lektüre am nächsten Morgen gefühlt hat.

Am Ende ist es ganz einfach: Ignatius von Loyola geht davon aus, dass die Freude am Bösen nur kurz ist und die Freude am Guten lange währt. Ignatius sagt deshalb, man könne daran, wie lange die Freude im Herzen fortdauere, erkennen, ob man das Gute getan habe oder auf das Böse hereingefallen sei. Anders gesagt: Es gibt die Freude am Bösen (sonst täten wir es ja nicht), aber die Freude dauert nicht lange und an ihre Stelle tritt eine oft tiefe und viele Jahre dauernde Reue.

Die Freude am Guten ist hingegen von langer Dauer.

Sie bleibt lange und glutvoll im Herzen eines Menschen vorhanden.

Aber – und das ist sehr wichtig bei der Unterscheidung der Geister – die Freude am Guten entsteht nicht sofort. Sie bildet sich nicht explosionsartig aus, sondern wächst langsam. Sie wird still entfacht und braucht lange, bis sie sich voll entwickelt hat. Wie eine alte Dampflok, die man vor der Fahrt acht Stunden lang aufheizen muss.

Explosionsartige Freude ist wohl eher ein Kennzeichen für die Freude am Bösen. Sie entsteht sofort – aber sie verglüht so schnell, wie die künstlichen Sterne eines Feuerwerks.

Die Freude am Bösen ist Blendwerk. Die Freude am Guten ist immer eine Teilhabe an der Freude der Ewigkeit. Oder – etwas poetischer gesagt: Die Freude am Guten ist immer eine Teilhabe an der Freude der Engel. Sie bleibt – ewig.

Masken und Fassaden – Mit den Augen Gottes sehen

Ein alter, stiller und sehr spiritueller Pfarrer hat mir einmal kurz vor seinem Tod gesagt, dass er manchmal im Gottesdienst einen ganz kurzen, fast mystischen Moment habe, in dem er die Menschen so sehe, wie sie seien. Ohne Masken und ohne Verstellung. Vielleicht sei es ein Hauch des Wesentlichen, der ihn für einen kurzen Moment anwehe, ein Blick hinter die Kulissen. Dort aber sehe er dann vor allem das Leid und die Angst der Menschen.

Ich kenne solche mystischen Erlebnisse nicht, aber auch ohne diese Erfahrung lässt sich leicht nachvollziehen, was mir der betagte Mitbruder schilderte.

Im Volksmund sagt es sich so leicht: Jemand zeige sein wahres Gesicht. Gemeint ist damit, dass irgendeine in einer bestimmten Situation als negativ empfundene Seite des Charakters wahrnehmbar wird. Wenn z. B. ein an sich geduldiger Mensch plötzlich ausrastet, dann heißt es schnell – und mit dem Brustton der Entrüstung –, er habe sein wahres Gesicht gezeigt.

Dahinter steckt das Urteil, jemand habe zwei Gesichter, jemand trage normalerweise eine Maske und hinter dieser Maske offenbare sich dann plötzlich die Wahrheit. So einfach aber ist das nicht. Das, was als das „wahre" Gesicht bezeichnet wird, ist eigentlich nur ein „anderes" Gesicht. Jeder Mensch ist sehr facettenreich.

Ich glaube, dass das wirklich „wahre" Gesicht nur Gott sieht – und Mystiker, denen er einen Blick gewährt.
Auch von sich selbst kennt man nicht das eigene „wahre" Gesicht. Das kennt nur Gott.
Vielleicht ist diese Verborgenheit ein Schutz, denn könnten wir uns noch lieben, wenn wir das „wahre" Gesicht unserer selbst so sehen würden, wie Gott es sieht? Nur Gott kann uns so lieben, wie wir gern geliebt werden wollen.
Manchmal, wie gesagt, hebt sich für einen kurzen Moment der Schleier und man schaut in die Tiefen eines Menschen. Die Theologie hat das immer „mit den Augen Gottes sehen" genannt. Dann aber sieht man vor allem, wie Menschen leiden. Vielleicht gestattet Gott einem nur dann den Blick in eine tiefer liegende Schicht bei einem anderen Menschen, wenn man mit liebendem Herzen schaut. Und das, was man dann schaut, berührt einen selbst zutiefst, denn man sieht dann immer etwas, was auch im eigenen Wesen hinter allen Fassaden und Masken ist: viel Angst.

Fröhlichkeit steckt an – Trauer berührt

Wenn ich Bücher schreibe, dann mache ich mir über den ersten Satz oft viele Gedanken. Das hat einen einfachen Grund: Es gibt eine lange Tradition des ersten Satzes in Büchern. Manche dieser ersten Sätze sind berühmter und bekannter als das gesamte Buch geworden. In der Tat gibt es großartige Romane, deren erster Satz wie eine Zusammenfassung des gesamten Werkes

gelesen werden kann. Eine Ouvertüre. Es sind Sätze, die es schaffen, eine Wahrheit, die hinter den Dingen liegt, als eine verbindende Erfahrung auszudrücken.
Am bekanntesten dürfte vielleicht der erste Satz aus „Anna Karenina" sein: „Alle glücklichen Familien gleichen einander, jede unglückliche Familie ist auf ihre eigene Weise unglücklich."

Was Tolstoi hier sagt, lässt sich meiner Erfahrung nach auch auf einzelne Menschen beziehen und nicht nur auf Familien. Denn immer wieder habe ich den Eindruck, dass die scheinbar glücklichen Menschen einander gleichen. Sie sind strahlend, zufrieden mit sich und der Welt. Gesättigt und von Freude erfüllt, wie eine Gruppe Bergsteiger auf dem engen Gipfel, die mit einem unsichtbaren Band verknüpft sind, oder als hätten sie alle teil an derselben Wirkung eines stimmungsaufhellenden Drinks.
Die Individualität von Menschen scheint hingegen viel klarer in ihrem Unglück zum Ausdruck zu kommen als im Glück.
Die Trauer ist so vielfältig und einzigartig in ihren Ausdrucksformen. Es gibt so viele Arten, auf eigene Art traurig zu sein, wie es Menschen gibt.
Mich steckt tiefe, wahrhaftige Trauer weit mehr an als Lachen oder Fröhlichkeit. Echte Trauer berührt immer etwas von der traurigen Verlorenheit der eigenen Seele. Die Fröhlichkeit hat eine völlig andere Außenwirkung als die Trauer. Ein trauriger Mensch kann in einem anderen Menschen etwas in Schwingung versetzen, wie es die Fröhlichkeit niemals könnte. Vielleicht berührt es

uns deshalb oft auf sehr eigene Weise, wenn wir unvermittelt einen traurigen Menschen treffen.
In dem Zusammenhang kann ich jedem nur die Porträt-Fotografien von Peter Lindbergh oder Platon Antoniou empfehlen.
Sie zeigen Menschen jenseits von aufgesetzter Foto-Fröhlichkeit. Es sind nicht nur traurige Menschen, die Lindbergh oder Platon, wie er sich nennt, abbilden, aber es sind immer Menschen, deren Gesichtsausdruck eine tiefere Wahrheit erkennbar macht. Lindberghs Fotos rühren an die traurigen Teile der eigenen Seele und bringen diese ganz zart in Schwingung.

Der Tod eines Menschen – Um wen geht es am Grab?

Es gehört für alle Beteiligten zu den emotional schlimmsten Situationen, wenn ein Mensch freiwillig aus dem Leben scheidet. Das erschüttert sein gesamtes soziales Umfeld sehr stark.
Leider bleibt es auch einem Pfarrer nicht erspart, mit diesem schmerzvollen Geschehen umgehen zu müssen.
Man muss mit den Angehörigen sprechen, zuhören, trösten. Die Predigten bei Beerdigungsgottesdiensten von Menschen, die sich das Leben genommen haben, sind eine besondere Herausforderung. Ich bin da oft ziemlich ratlos und unsicher. Was soll man predigen? Wie soll man trösten? Wie kann man das Unfassbare des Geschehens und den großen Schmerz der Hinterbliebenen richtig aufgreifen? Oft frage ich mich, inwieweit ich wirklich in derartigen Fällen bei einer Ansprache trösten kann, zu-

mal dann, wenn ich mich nicht irgendwelcher religiöser Plattitüden aus der Klamottenkiste: „Jetzt müssen wir viel beten", bedienen will. Ich bin fest davon überzeugt, dass die allgemeine Phrasendrescherei den Angehörigen keinen Trost spendet.
Aber selbst wenn es mir gelingt, die Menschen „richtig" anzusprechen und im Innern zu erreichen, bleibt so viel Untröstliches zurück. Bei den Angehörigen bleiben die wesentlichen Fragen offen und sie kommen im Laufe der Jahre und Jahrzehnte immer und immer wieder an die Oberfläche. Vielleicht gibt es Schmerz, der in dieser Welt kaum geheilt werden kann.
Dabei verschieben sich die Perspektiven und Sichtweisen von Angehörigen oft unmerklich über die Jahre.
Ich bin einmal in den Ferien in die Abendmesse des nahegelegenen Ortes gegangen und habe nach dem Gottesdienst noch einen kleinen Rundgang auf dem Friedhof gemacht. Irgendwie kam ich mit einer Frau ins Gespräch, die dabei war, die Blumen auf einem Grab zu gießen. Sie erkannte, dass ich Priester bin, und berichtete in bewegenden Worten von dem Freitod ihres Sohnes, dessen Grab sie gerade pflegte. Die Mutter weinte und unter Tränen sagte sie mir dann, dass sie sich, sooft sie an das Grab komme, frage, weshalb der Sohn ihr und der Familie das angetan habe.
Ich gestehe, dass ich ein wenig perplex war. *Das ist doch eigentlich nicht die richtige Frage*, schoss es mir durch den Kopf. Geht es hier um die Mutter oder um den Sohn? Ich selbst jedenfalls stelle mir eine andere Frage. Auch die bedrückt mich und erfasst mich oft emotional sehr stark: Was muss der Sohn gelitten haben, um solch einen

Schritt zu tun? In was für einer inneren Dunkelheit und Verzweiflung muss er gewesen sein, um seinem Leben ein Ende zu setzen? Wie gefangen in Leid muss er gewesen sein, als er sich zu diesem Schritt entschloss?

Ich verstehe den Schmerz und die Frage der Mutter schon, aber ich muss sagen, dass mir der Schmerz des Sohnes viel näher ist und mir tiefer zu Herzen geht.

Es liegen vielleicht nur Nuancen zwischen der Ansicht der Mutter und meiner eigenen Sichtweise, aber zwischen diesen Nuancen liegen Welten.

Ich glaube, dass die Mutter ihren Schmerz nicht überwinden wird, solange sie die Tat ihres Sohnes auf sich bezieht. Und ich glaube auch, dass sich der Schmerz der Mutter nur dann auf ein tragbares Maß reduzieren wird, wenn sie ihn als Mitleiden mit den Nöten des von ihr geliebten Kindes begreift. Der Glaube an die Auferstehung öffnet die Perspektive, dass in dem Maße, wie geliebte Verstorbene an der Erlösung teilhaben, auch der Schmerz der Zurückgebliebenen sich zu wandeln vermag.

Pfarrer ist ein wunderbarer Beruf – Trotz allem

Pfarrgemeinde – Mehr als Gremien und Ausschüsse?

Es ist in der Kirche schwierig, überhaupt für irgendetwas Mitarbeiter zu gewinnen. Vor allem dann, wenn sich Leute über Jahre binden würden, sind sie abgeschreckt. Der Pfarrgemeinderat und der Stiftungsrat werden immer auf fünf Jahre gewählt. So weit wollen viele sich nicht im Vorhinein verplanen lassen und festlegen.

Immer vor den Wahlen sucht man Leute, die bereit sind, mitzumachen und sich zur Wahl zu stellen. Da ist man am Ende sogar froh, wenn sich nur so viele Leute finden, wie tatsächlich gewählt werden müssen. Bei uns sind es zwei Personen für jede unserer sieben Pfarreien. Und schon diese zwei sind schwer zu finden. Vor den Wahlen „bearbeitet" man dann die Leute und sagt ihnen, dass es so viel Arbeit, wie sie befürchten, gar nicht sei, dass man nicht so viele Sitzungen machen werde, dass ja auch vieles eingespielt sei usw. Das ist die eine Seite.

Sind sie dann aber „gewählt", dann kommt irgendein Mitarbeiter aus dem Ordinariat und sagt den Stiftungsräten, wie verantwortungsvoll ihre Aufgabe sei und dass sie im Notfall mit ihrem Privatvermögen haften würden, wenn sie ihre Aufgaben nicht pflichtgemäß erfüllen würden.

Darüber hinaus gibt es in vielen Gemeinden eine katholische Scharia-Polizei, jene selbsternannten Aufpasser

und Nörgler, die sofort per Mail anmahnen, dass dieses oder jenes Protokoll von einer vergangenen Sitzung noch nicht veröffentlich sei, dass diese oder jene Einladung zu einer Sitzung nicht fristgerecht gekommen sei usw.
Aus Angst vor formalen Fehlern haben wir im letzten halben Jahr bereits zweimal wegen dieser selbsternannten katholischen Ordnungshüter eine Sitzung verschieben müssen.
Wie sollen die Gläubigen denn so wahrnehmen, dass sie am Erlösungswerk Gottes mitarbeiten?
Und wenn man schließlich langgediente ehrenamtliche Mitarbeiter verabschiedet, dann wird aufgezählt, wie unersetzlich sie waren und was sie nicht alles für die Kirche im Allgemeinen und die Gemeinde im Speziellen getan haben. Das stimmt dann natürlich auch alles. Der Haken an der Sache ist nur, dass sich die Gemeindemitglieder an diese Lobeshymnen erinnern, wenn sie eines Tages gefragt werden, ob sie gern bei der nächsten Wahl zum Pfarrgemeinderat kandidieren möchten.
Ein Teufelskreis – mitten in der Kirche.
Wenn es einzelnen Mitarbeitern zu viel wird oder spätestens wenn eine Wahlperiode rum ist, dann können sie sich verabschieden. Neue werden – höchstwahrscheinlich – gewählt. Und dann beginnt wieder alles von vorn.
Als Pfarrer kann man da schon so langsam ausbluten.
Unlängst sagte mir ein Freund, auch Priester und derselbe Jahrgang wie ich, er habe nie geglaubt, dass er einmal dahin komme, sich auf seine Pensionierung zu freuen.
Ein anderer Pfarrer sagte mir vor ein paar Wochen, wenn er vor 30 Jahren nur geahnt hätte, wie sich alles wandele

und was auf ihn zukomme, dann wäre er nicht Pfarrer geworden.
Ich habe mich daraufhin gefragt, wie es bei mir aussieht, und kann ganz ehrlich sagen, dass ich nichts bereue. Pfarrer zu sein, ist ein wunderbarer Beruf, und den Menschen von der unfassbaren Liebe und dem unendlichen Erbarmen Gottes predigen zu dürfen, ist eine große Gnade – trotz allem.

Tradition – Das Problem mit der Gewöhnung

Bei den Gläubigen scheint der grundsätzliche Respekt vor dem Priester verlorengegangen zu sein. Dabei meine ich nicht einmal, dass man dem Priester überaus großen Respekt entgegenbringen sollte, nur weil er Priester ist. Ich meine jenen Respekt, den man jedem normalen Menschen entgegenbringt.
Wer mit seinem Vorgesetzten oder auch nur Kollegen so umgehen würde wie mit seinem Pfarrer, würde in jeder Firma Probleme kriegen.
Ein befreundeter Pfarrer erzählte mir, dass sich eines seiner Pfarrmitglieder bei ihm mit dem Satz beschwert hatte: „Wir sind es nicht gewohnt, dass so mit uns umgegangen wird."
Da stellt sich schon die Frage, inwieweit man denn tatsächlich die Gewohnheiten der Menschen zum Maßstab des eigenen Handelns machen darf. Es gibt ja auch schlechte Gewohnheiten. Es gibt den Schlendrian, es gibt Missordnung, Fahrlässigkeit, Unachtsamkeit und so weiter – das alles kann zur Gewohnheit werden.

Gewohnheiten – auch die schlechten! – haben die Eigenart, sich sehr fest in die charakterlichen Strukturen eines Menschen einzubauen. Der Mensch ist ein bequemes Wesen und trennt sich ungern von Gewohnheiten – auch wenn klar ist, dass man sie nicht länger wird aufrechterhalten können.
Uns, die wir in der Verkündigung stehen, darf es nicht in erster Linie darum gehen, was die Menschen gewohnt sind, sondern um das, was Gott von uns in jedem Augenblick fordert.
Vielleicht ist es sogar ein Zeichen für die Krise der Kirche, dass den Gläubigen vieles zur Gewohnheit geworden ist, auch dass in den vergangenen Jahrzehnten immer ein Priester für die Gewohnheiten der Gläubigen da war. Man hat sich daran gewöhnt, dass jedes Kind – um ein Beispiel zu nennen – in einer eigenen kleinen Feier getauft wurde, dass der Pfarrer sich auf die Terminwünsche der Eltern und Brautleute eingelassen hat, dass es vor jeder Beerdigung ein Requiem gab.
Ja schlimmer noch: Man gewöhnt sich offenbar auch irgendwann an das Erbarmen Gottes. Man gewöhnt sich daran, dass er für uns gestorben ist. Man gewöhnt sich an Gottes Nähe, an seine Heilkraft und sein Ja zu jedem von uns.
Hier gründet auch die Kritik gegenüber der Tradition, denn sie ist ja nichts anderes als eine von Generation zu Generation vererbte Gewohnheit.
Pastoral gesehen ist die Gewohnheit das Problem und nicht unbedingt die mangelnde Rücksicht auf sie.
Es ist in der Tat eine schwierige Frage, welche Traditionen und Gewohnheiten man beibehalten kann und von

welchen die Menschen Abschied nehmen müssen, weil sich die Zeiten geändert haben.
Die Zeiten ändern sich ja oft schneller als die Menschen. Wie würde ein Lehrer sich fühlen, wenn ein verwöhntes Einzelkind zu ihm in die Schule käme und die Mutter ihm sagte, er solle bitte etwas Rücksicht nehmen und ihr Kind anders behandeln als die anderen Schüler, denn das Kind sei es nicht gewohnt, von anderen Leuten Ratschläge und Hinweise, geschweige denn Kritik, anzunehmen? Man stelle sich einmal vor, zu Jesu Zeiten hätte einer der Pharisäer gesagt: „Lieber Jesus, wir sind es nicht gewohnt, dass jemand zu uns kommt und uns Worte sagt, die zu Herzen gehen. Wir sind es nicht gewohnt, dass Wunder vor unseren Augen geschehen, dass Sündern ihre Schuld vergeben wird, dass Lahme gehen, Blinde sehen und Taube hören. Wir sind es nicht gewohnt, dass jemand bei Sündern einkehrt und bei Zöllnern zu Abend isst. Bitte nimm Rücksicht auf unsere Gewohnheiten und ziehe weiter in ein anderes Dorf."

Gottesdienst – Kein stimmungsvolles Erlösungshappening

Ich hatte vor vielen Jahren mehrfach Gottesdienstvertretungen in einer nahegelegenen Pfarrei, deren Pfarrer wegen Krankheit lange Zeit abwesend war. Dort habe ich einen Organisten erlebt, der seine subjektive Stimmungslage über die Orgel, deren Registratur und auch über die Liedauswahl auf die Gemeinde übertrug. Wenn er guter Stimmung war, dann spielte er fröhlich, munter und ausgelassen. Wenn er schlechter Stimmung war,

dann wählte er Lieder und Musikstücke von bedrückender Tonalität und tiefer Schwermut. Wenn er Zeit hatte, spielte er langsame und getragene Stücke. Wenn er es wegen eines anschließenden Gottesdienstes eilig hatte, dann war auch die Musik von dieser Hast durchzogen.
Man konnte nahezu körperlich spüren, wie die Gottesdienstbesucher in die jeweilige Stimmung hineingezogen wurden.
Die kirchliche Liturgie hat hingegen über Jahrhunderte eine Form entwickelt, die es Menschen jedweder Stimmung, jeden Alters, jeden Standes usw. erlaubt, daran teilhaben zu können. Die katholische Liturgie zwingt niemanden zu einer bestimmten Stimmung. Sie hat eine kühle Distanz. Sie stülpt sich nicht einfach über die Kirchbesucher. Man kann in jeder subjektiven Stimmungslage dabei sein.
Die individuelle, momentane Verfassung der Gottesdienstbesucher ist von untergeordneter Bedeutung für den Ablauf und die Qualität der liturgischen Feier.
Das hat seine Vorteile und seine Nachteile. Je nach Stimmungslage des Gottesdienstbesuchers kann es eine Zumutung sein, wenn in einer Messe das Halleluja angestimmt wird, auch wenn einem persönlich ganz und gar nicht nach Jubilieren zumute ist. Genauso kann es für jemanden, der sich in einer ausgezeichneten Stimmung befindet, eine Herausforderung sein, dass in jeder Messe auch der Sterblichkeit und derer gedacht wird, die – wie es in den liturgischen Texten heißt – „uns vorausgegangen sind".
Andererseits liegt darin auch eine Befreiung für jeden Einzelnen. Denn die Liturgie ist kein Erlösungshappe-

ning, bei dem von jedem Gottesdienstbesucher stets eine entsprechende innere Disposition als Voraussetzung dafür erwartet wird, dass die Feier gelingt.
Ein guter Gottesdienst befreit jeden Besucher vom Erwartungsdruck. Jeder kann in der Stimmung dabei sein, die er im Augenblick gerade hat. Jeder kann so kommen, wie er ist.
Es kommt bei der Mitfeier der heiligen Messe nicht so sehr darauf an, mit jedem einzelnen liturgischen Element vertraut zu sein und mit jedem Gebet und Gesang innerlich übereinzustimmen, sondern vielmehr darauf, der Einladung dessen gefolgt zu sein, der uns ganz und gar kennt und mit unendlicher Liebe liebt.

Bibel – Tatsachenbeschreibung oder Komposition?

Vor einigen Jahren wandte sich ratsuchend eine Mutter an mich, deren Tochter ihr etwa Folgendes gesagt hatte: Sie tue sich mit dem Glauben an Gott schwer, von dem bereits in der sogenannten Heiligen Schrift, speziell im Alten Testament, berichtet werde, er habe vor dem Auszug Israels aus Ägypten Tausende ägyptischer Kinder getötet (vgl. Ex 12,29 und Ps 135,8) und ebenso schwer tue sie sich damit, dass Gott das Herz des Pharao verhärtet habe (vgl. Ex 7,3). Die Mutter fragte mich, was sie der Tochter auf solche Einwände antworten solle.

In dem geschilderten Fall, und wahrscheinlich in Abertausenden ähnlich gelagerter, sehe ich das entscheidende Problem darin, dass die alttestamentlichen Stellen als

Tatsachenbeschreibungen gelesen werden. Das sind sie aber nicht! Man darf sie nicht wörtlich nehmen!
Auch die Heilige Schrift ist immer ins menschliche Wort gegebene Offenbarung. Sie ist dadurch schon gebrochen und immer auch subjektiviert. Nimmt man das Alte Testament wörtlich, dann sieht man es eigentlich mit den Augen des jüdischen Jahwe-Glaubens. Der jüdische Jahwe-Glaube bezieht sich auf einen monotheistischen Gott. Die Menschwerdung Gottes in Jesus Christus offenbart einen trinitarischen Gott, der dem jüdischen Jahwe-Glauben verborgen geblieben war. Durch Christus hat die Menschheit offenbart bekommen, dass dieser zunächst monotheistisch vorgestellte Gott in seinem Wesen ein dreifaltiger Gott ist.
Liest man nun als Christ das Alte Testament, dann stößt man immer wieder auf ein befremdliches Gottesbild. Im Nachhinein betrachtet haben sich zu alttestamentlichen Zeiten Fehlinterpretationen infolge eines monotheistischen Gottesbildes eingeschlichen.
An vielen Stellen im Alten Testament findet sich die jüdische Verteidigung eines monotheistischen Gottesbildes gegenüber den polytheistischen Gottesbildern, mit denen das Volk Israel bei anderen Völkern konfrontiert war.
Die Theologen des Volkes Israel wollten zeigen, dass ihr Gott-Jahwe der einzig wahre Gott ist, weil er stärker ist als all die vielen Götter, die die anderen Völker verehrten.
Mit der Kenntnis eines trinitarischen Gottes, also als Christ, muss man die Stellen, an denen Gott-Jahwe „grausam" handelt, anders lesen: Es war nicht Gott-Jahwe, der

grausam handelte, sondern es waren die Menschen, die bestimmte Fakten im Sinne ihres eigenen Gottesbildes so interpretierten, dass ihr Gott-Jahwe gegenüber allen anderen Göttern als der Starke dasteht.
Man hat gewissermaßen Gott-Jahwe ein Handeln unterstellt, um mit dem eigenen Gott-Jahwe gegenüber allen anderen Völkern auftrumpfen zu können.
Das Handeln eines so dargestellten Gott-Jahwe empfinden wir vom christlichen Menschenbild aus betrachtet – heute – als eine Zumutung. Und das ist es ja auch wirklich!
Also: Textstellen, die wir als Zumutung empfinden, sagen weniger über das tatsächliche Handeln Gott-Jahwes aus als vielmehr über das Ziel des jüdischen Volkes, ihr eigenes Gottesbild zu verteidigen.

Und nun zur Frage der Frau bzw. ihrer Tochter: Wenn sie sich an solchen Stellen, wie den oben genannten, stört, dann zeigt es eigentlich, dass sie vom Christentum sehr viel begriffen hat. Sie erkennt haarscharf, wo im Alten Testament ein vorläufiges Gottesbild erscheint, das mit dem trinitarischen Gott des Christentums nicht viel gemeinsam hat.
Allerdings blieben mir nach der Begegnung mit der Mutter Zweifel, ob diese tatsächlich meiner Argumentation folgen konnte und ob sie überhaupt in der Lage sein würde, ihrer Tochter das zu vermitteln, was ich ihr, der Mutter, versucht hatte zu erklären.
Um nun tatsächlich zu helfen, sagte ich der Mutter, sie solle doch der Tochter ausrichten, dass sie jederzeit zu einem Gespräch zu mir kommen könne und ich gerne be-

reit sei, mich über ihre Glaubenszweifel zu unterhalten. Das ist nun mehr als vier Jahre her. Die Tochter hat sich nie bei mir gemeldet.

Predigt – Worthülsen oder echte Spiritualität?

In der Theologie ist das Wort „Hingabe" ein Platzhalter für die unterschiedlichsten Haltungen und Taten. Es kann einmal so etwas wie Demut bedeuten, aber auch Aufopferung und Selbstaufopferung, Verzicht, Bescheidenheit, Entsagung und Schlichtheit. Wenn man etwas mit „Hingabe" tut, dann hat der Begriff viel zu tun mit Aktivität, mit Fleiß, Eifer und Enthusiasmus, mit Interesse, Leidenschaft, mit Überzeugung, Inbrunst und Idealismus. Allein diese Aufzählung von dem, was das Wort „Hingabe" alles bedeuten kann, offenbart, wie vorsichtig man bei seinem Gebrauch sein muss.
Überspitzt formuliert ist der Begriff „Hingabe" eine Worthülse. Die Katechese ist voll von solchen Hülsen. Man kann ganze Predigten mit dermaßen frommen und emotionalen Leerbegriffen halten, ohne dass man wirklich etwas sagt. Das würde alles erbaulich klingen, theologisch richtig und überzeugend. Und wäre doch – um es mit Paulus zu sagen – „tönendes Erz oder eine klingende Schelle". Würde man nachfragen, so käme am Ende nichts als warme Luft heraus.
Man kann ganze Andachten mit solchen Worthülsen halten: Der Herr offenbart Hingabe, Hingabe ist Selbstverleugnung, Selbstverleugnung führt zu Demut, Demut als Hingabe ist Selbstaufopferung und Entsagung. Das

kann man nicht mit Fleiß erreichen. Dazu braucht es die Gnade. Der Idealismus des Glaubens führt zur Gnade der Überzeugung – und so weiter und so weiter.
Viele Menschen sind immer wieder gezwungen, solche Predigten zu hören. Predigten, bei denen die Worte und Begriffe nicht stimmen, die eine blumige Erbauungsatmosphäre hervorrufen, ohne dass sie wirklich etwas sagen. Solche Predigten sind wie die Nebelmaschinen in den Theatern. Sie sind Wortnebelmaschinen, Erbauungsnebelmaschinen, Frömmigkeitstheaternebelmaschinen.
Das hatte Konfuzius schon 500 Jahre vor Christus erkannt, als er sagte: „Wenn die Worte nicht stimmen, dann ist das Gesagte nicht das Gemeinte. Wenn das, was gesagt wird, nicht stimmt, dann stimmen die Werke nicht. Gedeihen die Werke nicht, so verderben Sitten und Künste. Darum achte man darauf, dass die Worte stimmen. Das ist das Wichtigste von allem."

Die Krise der Theologie ist heute auch eine Krise der Begrifflichkeiten, denn ein großer Teil des theologischen Wortschatzes bedient sich überkommener Begriffe, die heute nicht mehr verstanden werden, weil sie vollkommen ohne Alltagsbezug existieren und an den Erfahrungsmöglichkeiten der Menschen vorbeigehen.

Bei dem bekannten Spiel „Stille Post" flüstert man bei einer Tischrunde ein Wort in das Ohr seines linken Nachbarn und dieser wiederum flüstert das, was er verstanden hat, in das Ohr seines linken Nachbarn. Wenn jeder dran war, darf der Letzte in der Runde das Wort laut sagen. Es ist meist verblüffend und oft lustig, wie wenig von dem ursprünglich auf die Reise geschickten Begriff noch angekommen ist. Genauso wie bei der „Stillen Post" funktioniert der Tratsch in den Dörfern. Einer sagt es dem anderen weiter und am Ende kommt irgendein Nonsens heraus, der am Anfang nie und nimmer gesagt worden ist. Schlimm ist nur, wenn alle in der Kette des Geredes keinen Zweifel daran haben, dass sie die Wahrheit und nichts als die Wahrheit weitersagen, ja wenn sie tatsächlich nichts für unwahrscheinlicher halten, als dass das, was am Ende herauskommt, nicht wahr sein könnte. Das würde ja die geistigen Fähigkeiten derer, die sich an dem Gerede beteiligen, infrage stellen. Die Quasselkompetenz.

Wie schnell wird aus dem Satz: „Ich bin nicht böse, dass etwas soundso ist", die Aussage: „Er freut sich, dass etwas soundso ist."

Zwischen „nicht böse sein" und „sich freuen" liegen aber Welten. Unendliche Weiten, viele Nuancen, sprachliche Schattierungen. Aber dafür hat in unserer sprachlich so verflachten Welt kaum noch jemand ein Gespür.

Wie viel liegt zwischen „keinen Zweifel an etwas haben" und „an etwas glauben".

Es gibt wohl viele Menschen, die keinen Zweifel an der Existenz Gottes haben. Aber ob sie auch an Gott glauben?

Aber Achtung: „Glauben" ist auch eine Worthülse!

Segnen – Wer stützt die Hände des Priesters?

Bei einem Mitbruder von mir hat ein Festprediger vor vielen Jahren eine Predigt gehalten, die ich nie vergessen werde.

Es ging um jene Stelle im 2. Buch Mose (Exodus), wo der Kampf des Volkes Israel gegen Amalek geschildert wird. Während des Kampfes stand Mose in Begleitung von Aaron und Hur auf dem Berg und hielt seine segnende Hand über das Volk. Wörtlich heißt es an der Stelle dann:

„Solange Mose seine Hand erhoben hielt, war Israel stärker; sooft er aber die Hand sinken ließ, war Amalek stärker. Als dem Mose die Hände schwer wurden, holten sie einen Steinbrocken, schoben ihn unter Mose und er setzte sich darauf. Aaron und Hur stützten seine Arme, der eine rechts, der andere links, sodass seine Hände erhoben blieben, bis die Sonne unterging. So besiegte Josua mit scharfem Schwert Amalek und sein Heer." (Ex 17,11–13)

In der Predigt ging es darum, dass ein Priester heute oft in derselben Situation sei. Ihm könnten die Hände schwer werden und es sei möglich, dass er diese nicht mehr zum Segen für die Gemeinde erheben könne. Dann sei die Gemeinde selbst gefragt, ob sie bereit sei, dem Priester die Arme zu stützen, wie es Aaron und Hur bei Mose taten, damit er weiterhin segnen könne.

Diese Predigt traf nach meinem Empfinden einen wunden Punkt, wie man ihn in sehr vielen heutigen Gemeinden findet. Es gibt immer weniger Gläubige in den Pfarreien, die wissen, wie sehr ein Priester darauf angewiesen ist, von den Menschen mitgetragen zu werden.

Ich kann aus meiner eigenen Erfahrung sagen, wie gut es tut, wenn einem jemand ein Glas Honig schenkt, zum Trauergespräch (!) ein paar Eier mitbringt, zur Abendmesse in einer kleinen Dorfkapelle ein frisch gebackenes Brot, zum Advent Gebäck, zu Weihnachten ein Paar selbstgestrickte Socken oder zu Ostern ein selbstgebackenes Osterlamm.
Früher waren das oft die Alten, die einem mit ihrem Verständnis guttaten, aber die sterben ja langsam weg und in der nachwachsenden Generationen ist dieses Mittragen der Priester nicht mehr so präsent.
Das liegt auch daran, dass die Pfarrer in den Gemeinden nicht mehr präsent sind. Insgesamt aber merke ich, dass alle diese kleinen, aufbauenden Zeichen, die einem die Hände zum Segen stützen – um es mit dem Bild aus dem Buch Exodus zu beschreiben –, nachlassen. Da können einem dann, wie Mose, die Hände erlahmen.
Der Prediger bei der Priesterweihe meines Mitbruders ließ genau diese Szene, die im Buch Exodus beschrieben ist, in der Kirche nachspielen. Er bat meinen Mitbruder nach vorn. Er sollte sich in die Mitte stellen und die Hände zum Segen erheben. Dann sollte er sie zum Zeichen der Erlahmung fallenlassen. Zwei Kirchbesucher wurden eingeladen, nach vorne zu kommen, um ihm – wie Aaron und Hur es bei Mose taten – die Hände zu stützen, damit er diese wieder zum Segen erheben könne.
Es war ein beeindruckendes Bild und es war zugleich eine Mahnung an alle Anwesenden, als Gemeinde die Hände des Priesters zu stützen, damit er sie zum Segen erheben könne.

Political Correctness – Fastnacht und Nikolaus

Es kam zu Beginn meiner Tätigkeit als Landpfarrer immer wieder vor, dass der katholische Kindergarten bei mir nachfragte, ob ich bereit wäre, am 6. Dezember Nikolaus zu spielen. Ich habe das konsequent abgelehnt. Nicht nur, weil ich die Sorge habe, dass dieser ganze Nikolausquatsch den Kindern den Blick auf die wahre Gestalt dieses großen Heiligen verstellt, sondern auch wegen eines tief sitzenden Desinteresses daran, mit einer selbstgebastelten Mitra und einem zum Bischofsstab umgebauten Jedi-Schwert ein kirchliches Weiheamt zu verulken. Gerade als Landpfarrer, den ja viele Kinder tatsächlich aus dem sonntäglichen Gottesdienst kennen oder bei echten religiösen Feiern (z. B. Erntedank) im Kindergarten erleben, möchte ich nicht an Nikolaus meine eigene Position konterkarieren.

Ich habe dafür immer auch seitens der Erzieherinnen Respekt gezollt bekommen.

Es geht hier sozusagen um eine Political Correctness, die ich als Landpfarrer zu beachten habe.

Ähnlich ist es bei einem anderen – nicht gar so kirchlichen – „Hochfest“ hier in den süddeutschen Gefilden: Fastnacht.

Ein Lehrer erzählte mir, dass im multikulturellen Umfeld heutiger Schulen bestimmte Fastnachtskostüme nicht mehr möglich sind. So gebe es Schulen, in denen die Lehrer sogar vom Rektorat vorgeschrieben bekommen, sich an Fastnacht politisch korrekt zu verkleiden. Keine Chinesen, weil man ja Asiaten an der Schule hat, keine Cowboys, weil Schusswaffen nicht in Ordnung sind, keine

Indianer, weil sie zu den indigenen Völkern gehören, und keine Piraten, weil sie die gesetzlosen Terroristen der Antike waren.
Ich möchte mich nicht darüber auslassen, wohin solche Vorgaben im Extremfall führen. Grundsätzlich finde ich es auch vernünftig, sich an Fastnacht „korrekt" zu verkleiden. Die Frage ist für mich nur, weshalb das nur für die Lehrer gelten soll. Was bringt es, wenn die Lehrer und Lehrerinnen sich an Fastnacht als Gänseblümchen oder harmlose Märchenfiguren verkleiden, während die Schüler selbst dann mit den neuesten Ganzkörperverkleidungen kommen, mit schwarzen Umhängen, mit Zorro-Masken, Musketier-Hüten, mit Jedi-Schwertern und Streetfighter-Helmen.
Wenn es an Fastnacht eine Kleiderordnung nach der Maßgabe von Political Correctness gibt, dann müsste sie auch für alle gelten.

Ein besonderes Thema ist in diesem Zusammenhang die Verkleidung von Ministranten an Fastnacht und im Sonntagsgottesdienst vor dem Rosenmontag. Natürlich kann man das alles irgendwie mit der Geschichte der Fastnacht – gerade in alemannischen Gefilden – begründen. Die Frage ist und bleibt aber auch hier, was von dieser Geschichte tatsächlich noch übrig geblieben ist und welchen Dienst sich ein Pfarrer mit seinen Ministranten erweist, wenn sie an Fastnacht geschminkt und verkleidet am Altar stehen.
Ich selbst neige dazu, die Liturgie frei von diesen fastnächtlichen Dingen zu halten – wir hängen ja in der Kirche auch keine Luftschlangen auf. Aber ich habe nichts

dagegen, wenn die Narrenvereine sich in ihren teilweise sehr alten Kostümen und Verkleidungen in der Kirche blicken lassen ... – freilich ohne die entstellende hölzerne Gesichtsmaske.

Sternsinger – Die scheinheiligen drei Könige

Es ist seit unvordenklichen Zeiten üblich, dass in unseren ländlichen Pfarreien am 6. Januar die Sternsinger von Haus zu Haus gehen. Das ist eine aufopferungsvolle Aufgabe. Hunderte Male am Tag müssen die Kinder und Jugendlichen dasselbe Lied singen, müssen bei Wind und Wetter das bekannte „C+M+B“[1] eingerahmt von der Jahreszahl mit geweihter Kreide an die Türen der Häuser schreiben. Sie haben oft weite Wege zu gehen, denn in den verstreuten Dörfern des Südschwarzwaldes liegen die Häuser und Gehöfte teilweise weit auseinander.
Die Menschen haben es gerne, wenn die Sternsinger kommen. Sie geben auch gerne eine Geldspende. Diese ist üblicherweise für die Mission und geht an das katholische Hilfswerk der Sternsinger in Aachen. Die Leute wollen sich aber auch gegenüber den Kindern und Jugendlichen, die an ihren Türen singen, dankbar zeigen und geben gerne einen Obolus in die Ministranten- oder Jugendkasse. Das Sternsingen war jahrzehntelang auch eine Gelegenheit, die Kasse für Sommerfahrten und Ausflüge aufzufüllen.
Nun aber wurde vor zwei Jahren von oberster Stelle (Ge-

[1] „C+M+B“ bedeutet „Christus mansionem benedicat“ – „Christus segne dieses Haus“. Im Volksmund ist die Abkürzung bekannt als die Initialen der Heiligen Drei Könige: „Caspar, Melchior und Balthasar“.

neralvikar) diese Handhabung verboten. Die Sternsinger dürfen nur noch mit einer Kasse, mit der für die Mission, von Haus zu Haus ziehen und sammeln. Es geht in der Begründung um die Eindeutigkeit des kirchlichen Handelns und darum, dass alles gespendete Geld diesem einen guten Zweck zugeführt wird. Es geht um Ethik: Bei der Führung von zwei Kassen könnte bei den Leuten an den Haustüren der Eindruck entstehen, die Ministranten würden am 6. Januar eher im eigenen Interesse von Haus zu Haus ziehen, anstatt in dem der Mission. Sie könnten Bargeld von der einen Kasse in die andere wandern lassen usw.

So weit, so gut.

Den Leuten aber leuchtet das überhaupt nicht ein. Sie haben kein Verständnis dafür, dass sie nun den Ministranten nichts Gutes mehr tun können. Und – das vor allem – im Ergebnis ist die Missionskasse keineswegs voller als zu den Zeiten der zwei Kassen.

Um nun aber den Ministranten doch ein klein wenig Dank entgegenzubringen, wurden sie vom Dekanat in ein sogenanntes Spaßbad eingeladen. Ein Hallenbad, in dem jahraus, jahrein tropische Temperaturen herrschen und in dem man wie in einer Lagune im warmen Wasser stehen kann. Es ist eine typische Einrichtung zur Attraktivitätssteigerung von touristisch vernachlässigten Regionen. Ein absolut perverses „Badeparadies". Inbegriff von Kapitalismus, Überfluss und Dummheit zugleich. Hineingesetzt in die schöne Landschaft des Südschwarzwaldes, lieblos hingeballert mit einem auf Profit und Konsum bauenden Konzept. Der Eintritt kostet pro Person mehr als 20 Euro. Das ist weitaus mehr, als da-

mals die zweite Kasse bei den Sternsingern umgerechnet auf die beteiligten Personen eingebracht hat. Aber wenn man so etwas wie den Besuch im Spaßbad macht, dann erweckt man wenigstens an den Türen am 6. Januar den Eindruck, man würde einem ethischen Konzept folgen, man würde zugunsten der Mission auf die Gelder, die sonst in die Ministrantenkasse fließen, verzichten. Dass man hintenherum mehr Geld ohne jede ethische Grundorientierung verpulvert, als die Ministrantenkasse eingebracht hätte – wen kümmert's?
So wird aus dem guten Brauch der Missionssammlung an Dreikönig ein reines Theater. Man spielt den Leuten an den Türen etwas von Ethik vor und verspielt diese Ethik dann im Spaßbad. So werden aus den Heiligen Drei Königen die scheinheiligen drei Könige.

Schimmel und Amtsschimmel – Was zu lange währt, wird nicht gut

Vor vielen Jahren hatten wir in einer unserer Pfarreien Schimmel in der Orgel. Es ist nicht zu fassen, was für eine Odyssee dieser Schimmel ausgelöst hat.
Zunächst sagte mir unser Organist, dass er Schimmel an der Orgel festgestellt hatte. Ich meldete dies dem Orgelbauer, der vor Jahren das Instrument restauriert hatte und es regelmäßig stimmt. Der schickte einen Spezialisten und bestätigte den Schimmelbefall. Bei der diözesanen Rechnungsstelle für katholische Kirchengemeinden sagte man mir dann, ich könne die Behebung des Schimmels nicht in Auftrag geben, bevor es nicht einen

Kostenvoranschlag gebe. Im Übrigen sei der erzbischöfliche Orgelinspektor zu informieren. Diesen setzte ich also über den Schimmelbefall in Kenntnis. Vier Wochen später erschien er vor Ort und bestätigte den Schimmelbefall. Er riet mir, einen Orgelbauer nach einem Gutachten zu fragen und gab mir dessen Adresse. Ich fragte diesen Orgelbauer. Der aber wollte dem Kollegen, der sich normalerweise um die Orgel kümmert, nicht in die Quere kommen, und bat mich, diesen Kollegen zu bitten, ein Gutachten zu erstellen. Ich wollte das Gutachten in Auftrag geben, wurde aber von der Rechnungsstelle ermahnt, dass das der Stiftungsrat entscheiden müsste. Also vergingen wieder vier oder fünf Wochen, bis zur nächsten Stiftungsratssitzung. Natürlich genehmigte der Rat die Erstellung eines Gutachtens bzw. der Rat meinte es gut und sagte, wir sollten zwei Gutachten erstellen lassen.
Also meldete ich dem Orgelinspektor, dass wir nun doch zwei Gutachten von zwei Orgelbauern einholen wollten. Er gab diese Expertisen in Auftrag und informierte darüber das erzbischöfliche Bauamt. Dieses wiederum sagte mir, es sei kein Gutachten notwendig, denn schließlich sei der Schimmelbefall doch eindeutig. Das erzbischöfliche Bauamt wurde daraufhin von dem Orgelinspektor darauf hingewiesen, dass es einen Zuschuss zur Beseitigung des Schimmels nur gäbe, wenn ein oder besser zwei Gutachten vorliegen würden. Nach etwa einem Vierteljahr kamen dann die Gutachten. Sie waren beide in derselben Höhe (um die 30.000 Euro) und sahen die ganze Sache genauso, wie es mir vor inzwischen mindestens einem Jahr schon beim ersten Feststellen des Befalls der Organist geschildert hatte.

Diese beiden Gutachten gingen nun zur Rechnungsstelle mit der Bitte, für die Pfarrgemeinde beim erzbischöflichen Bauamt einen Zuschuss zu beantragen.
Von dem Bauamt hörten wir etwa zwei Monate lang nichts. Ich musste über die Rechnungsstelle Druck machen, damit sie beim Bauamt nachfragten. Die Rechnungsstelle sagte mir, ich solle doch selber nachfragen, weshalb die Genehmigung des Zuschusses zur Beseitigung des Schimmels so lange dauere. Auf die Pfarrer würden die beim Bauamt besser reagieren als auf die untergeordnete Rechnungsstelle. Nach weiteren vier Wochen kam die Bewilligung des Zuschusses.
Nun musste der Stiftungsrat entscheiden, welchen der beiden Gutachter wir mit der Beseitigung des Schimmels beauftragen möchten. Das zog sich wieder vier Wochen in die Länge ...
Ob Sie es glauben oder nicht, dies ist nur die Kurzform der gesamten Irrfahrt um den Schimmel in der Orgel und seine Beseitigung.
Das Ganze hat fast zwei Jahre gedauert. Da ich nun aber nicht mit anschauen konnte, dass in der Zeit die Orgel immer weiter verschimmelt, und da dieser Schimmel ja auch für die Gottesdienstbesucher eine ernsthafte gesundheitliche Gefahr darstellte, hatte ich bereits hinten herum den Auftrag zur Beseitigung des Schimmels erteilt. Unsere Orgel war bereits seit einem halben Jahr schimmelfrei, als die endgültige Genehmigung zur Beseitigung des Schimmels und die Zuschussbewilligung kamen.
Die Kirche ist ein selbstreferenzielles System, in dem sich die Systemmitglieder nur mit sich selbst befassen und sich selbst die Referenz erweisen. Würden die überhaupt

merken, dass Jesus Christus wiedergekommen ist – wenn er denn kommt ...?

Verwaltungschaos – Wie sich die Kirche mit sich selbst beschäftigt

Ein Freund, der als Pastoralreferent in einer anderen deutschen Diözese arbeitet, erzählte mir Folgendes: Die Mitglieder einer der Pfarreien, die er zusammen mit zwei Priestern pastoral betreut, hatten sich beim Bischof über ihn beschwert.
Das war wohl eine ziemlich üble, konzertante und abgesprochene Aktion mit desavouierenden und kompromittierenden Mails, die zeigen sollte, dass er als Pastoralreferent aus Sicht einiger Mitglieder dieser einen Pfarrei nicht tauglich sei. Ziel dieser Aktion war es, ihn von höchster Stelle her loszuwerden.
Das Ganze ist schon lange her und ich hatte den Eindruck, dass er den damaligen Rädelsführern – die nach wie vor in der Pfarrei mit ihm zusammenarbeiten müssen – nichts nachträgt. Vielleicht sei – so erzählte er mir – deren Tirade auch nur der Ausbruch von großer Unzufriedenheit über die personellen und strukturellen Veränderungen in der Kirche gewesen, die bis hinein in jede kleine Gemeinde spürbar sind.
Es gab dann natürlich ein gewisses Hin und Her. Die Personalstelle meldete sich bei ihm. Durfte ihm aber auf Wunsch der Beschwerdeführer die Briefe, die diese geschrieben hatten, nicht zeigen, sodass er gar keine Stellung beziehen konnte.

Das ist schon einmal der erste Fehler dieser Personalstelle: Sie hätte vorher gegenüber den Beschwerdeführern klarstellen müssen, dass sie nicht tätig werden könne, wenn die betreffende Person, in dem Falle also dieser Patoralreferent, nicht mit den Inhalten konfrontiert werden dürfe und deshalb nicht Stellung nehmen könne.
Jeder Konfliktberater würde hier sagen: Bereits an dieser Stelle müsste normalerweise eine Beschwerde schon zu Ende sein.
Das Ganze nahm – nebenbei bemerkt – natürlich einen unbefriedigenden Verlauf, der wieder einmal zeigt, wie schwierig es wird, wenn in der Kirche die falschen Leute an den falschen Stellen sitzen.
Erst viel später sei ihm aufgeleuchtet, erklärte der Pastoralreferent, wie verquer das Ganze tatsächlich gewesen sei, denn eigentlich hätten sich die Beschwerdeführer und ihre Gefolgsleute bei der einen Abteilung in der Kirchenverwaltung über ihn beschwert, weil er genau das getan habe, was die andere Abteilung von ihm verlangt und erwartet hätte. Und diese beiden Abteilungen hätten natürlich nichts voneinander gewusst. Die Leute hätten sich bei der Personalabteilung beschwert, weil er pflichttreu das getan habe, was die Bau- und Finanzabteilung von ihm erwartete.
Wer soll denn da noch durchblicken?
Spätestens an diesem Punkt lässt sich wunderbar aufzeigen, wie sehr die Kirche dabei ist, sich von innen her selber zu zerfressen.
Auf jeden Fall bin ich mir sicher, dass Jesus etwas anderes als die einzelnen Abteilungen der Kirchenverwaltung gemeint hatte, als er sagte, dass die linke Hand

nicht wissen solle, was die rechte tue (vgl. Mt 6,3). Jesus bezog diesen Satz auf das Geben von Almosen und Verrichten guter Werke und wollte damit sicher nicht eine Beschreibung von Zuständen im kirchlichen Verwaltungsapparat liefern, der auf dem besten Wege ist, sich selbst zu zerstören.

Abrechnungstechnik – Wie sich die Kirche selber im Weg steht

Im Zusammenhang mit der Umstrukturierung der Kirche in einen Konzern haben sich die verwaltungstechnischen Herausforderungen vervielfacht. Ziel ist es, dass die deutschen Diözesen nach dem Handelsgesetzbuch betrachtet werden. Rein theoretisch ist mir die Notwendigkeit dieser Umstellung klar, denn die Kirche muss mit den immensen Geldsummen, die sie in Deutschland hat, nach den geltenden Gesetzen verantwortungsvoll umgehen und bewertet werden.
Allerdings nehmen wir an der Basis auch die kuriosen Auswüchse dieser Umstellung wahr.
Es ist noch nicht lange her, da sagte mir unser Organist ab. Er sei krank. Aber er habe – Gott sei Dank – für die Vorabendmesse einen Organisten aus einem Nachbardorf gewinnen können. Der kenne sich mit der Orgel aus und könne den Gottesdienst musikalisch begleiten.
Dieser Ersatzorganist bekam von unserer Sekretärin einen Stundenzettel, den er ausfüllen musste, damit ihm das Honorar für den Orgeldienst überwiesen werden konnte. Wenige Tage, nachdem das Formular von mir gegenge-

zeichnet worden war, kam von der kirchlichen Verrechnungsstelle eine Mail, die mich darauf hinwies, dass der Organist leider keinen Arbeitsvertrag mit der Kirchengemeinde habe und deshalb sein Honorar nicht überwiesen werden könne. Das sei Sozialversicherungsbetrug.
Ich kämpfte meinen Unwillen nieder und fragte höflich nach, was es denn nun für einen Weg gäbe, dem Ersatzorganisten das ihm zustehende Honorar zukommen zu lassen. Es handelte sich um 35 Euro.
Die Rechnungsstelle erklärte, dass man ihm kein Geld überweisen könne, aber wir könnten ihm einen Einkaufsgutschein vom Lebensmittelmarkt in seinem Dorf überreichen.
Also schickte ich unsere Sekretärin während der Dienstzeit mit der Auflage, die gefahrenen Kilometer der Kirche in Rechnung zu stellen, zu diesem Einkaufsmarkt, um den Gutschein zu holen.
Kaum war sie zurück, kam von der Verrechnungsstelle eine weitere Mail, dass wir den Gutschein nicht übergeben könnten. Es müsse erst geprüft werden, ob es sich hier für den Organisten um einen geldwerten Vorteil handele.
Wir hielten also den Gutschein zurück.
Irgendwann kam dann aber grünes Licht und ich schickte dem Organisten den Gutschein etwa fünf Wochen, nachdem er bei uns die Vertretung gemacht hatte, zu.
Das mag nun alles abrechnungstechnisch richtig gelaufen sein. Offen gestanden kann ich das gar nicht beurteilen.
Das Ende vom Lied aber ist, dass dieser Organist nie wieder bei uns spielen wird. Er ist ein höflicher Mann.

Er hat das so nie ausgesprochen. Allerdings fiel mir auf, dass er bisher bei allen Anfragen immer gerade an dem angefragten Termin nicht konnte und bedauerlicherweise schon anderweitig engagiert war.
Wir haben uns nun intern darauf geeinigt, dass wir dann, wenn ein Organist, der bei uns einen Arbeitsvertrag hat, aus Krankheitsgründen ausfällt, den Gottesdienst *a cappella* machen.
Das ist ein Fall, der exemplarisch zeigt, wie die Kirche ihre wesentliche Aufgabe, die Verkündigung, durch abrechnungstechnische Prozesse aus dem Blick verliert.

Mensch, ärgere dich nicht – Kirche, verändere dich!

Veränderungen lieben lernen – Kreativ sein und neue Chancen sehen

In kirchlichen Kreisen nimmt seit einigen Jahren jeder Bischof Stellung zu den Veränderungen, die so oder so auf die Kirche zukommen werden. So hat beispielsweise der Freiburger Erzbischof Stephan Burger bei seiner Neujahrsansprache 2019 darauf hingewiesen, dass die großen gesellschaftlichen Veränderungen die Christen in Deutschland vor große Aufgaben stellen. Er wies auf „die klar und unmissverständlich prognostizierte weiterhin abnehmende Zahl an Kirchenmitgliedern" und auf „künftig spürbar deutlich weniger finanzielle Mittel" hin und sagte, „dass die anstehenden Veränderungen an Gläubigen, an Priestern und hauptberuflich pastoral Mitarbeitenden" erkennbar werden würden.

Das ist der Grundton, der derzeit in fast jedem Ordinariat in Deutschland zu hören ist.

Man sollte ja meinen, dass Veränderungen, eine gute Voraussetzung seien, um aus den an der Kirche doch so oft kritisierten alten Gleisen herauszukommen, dass Veränderungen eine Chance sind, alte Zöpfe abzuschneiden, und dass die Gläubigen und die Pfarrmitglieder daraus Mut schöpfen und darin Chancen sehen könnten.

Aber ich erlebe vor Ort, dass das nicht der Fall ist. Die Gläubigen sind verunsichert, sie wollen beim Alten blei-

ben, sie wollen ein „Weiter so!“ und keine Veränderungen. Ich sage unermüdlich, dass es doch immer etwas zu lernen, zu verbessern und künftig anders zu machen gibt als in den Jahren vorher. Es bleiben ungehörte Appelle.
Eine Pfarrei ist – ähnlich wie eine Familie – ein sehr lebendiges Wesen, das ständig Veränderungen ausgesetzt ist, auf die man reagieren muss.
Man kann auch eine Ehe nicht in den ersten vier oder fünf Jahren einrichten und dann 30 Jahre lang dafür sorgen, dass sich nichts mehr ändert!
Aber in Pfarreien scheint es oft genauso zu sein: Man hat irgendwann einmal ehrenamtliche Helfer gefunden. Die sind inzwischen alt geworden und können rein körperlich nicht mehr. Sie scheuen sich, das zu sagen und ihre Tätigkeit aufzugeben, weil es offenbar niemanden gibt, der bereitwillig die Nachfolge antritt.
Will sagen: Wenn man – aus welchen Gründen auch immer – vor Ort versäumt, eine ständige, dynamische Veränderung zu praktizieren und nicht immer wieder schaut, wie man neue, jüngere Leute mit ins Boot nehmen könnte, dann wird Gemeinde vor Ort eher ein schipperndes Altenheim als eine lebendige Gemeinschaft.
Gerade die Möglichkeit, kreativ zu sein und gestalten zu können, hat mich vor Jahrzehnten dazu bewegt, Pfarrer zu werden, und ich bin es noch heute gern – unter anderem aus diesen Gründen.
Der hl. Thomas von Aquin soll einmal gesagt haben: „Für Wunder muss man beten, für Veränderungen muss man arbeiten.“
Es ist für mich eine der erfüllendsten, kreativsten und zugleich missionarischsten Aufgaben in der Gemeinde-

arbeit vor Ort, sich ständig zu hinterfragen, nach Verbesserungen zu suchen, aus Fehlern zu lernen, neue Menschen mit einzubeziehen und – ja, auch das – alte Zöpfe abzuschneiden.

Nur keine Angst! – Veränderungen brauchen Vertrauen

Als Seelsorger werde ich öfter damit konfrontiert, dass Menschen zwar die Notwendigkeit von Veränderungen durchaus sehen, dass sie aber nicht wissen, was sie tun sollen, damit die Veränderungen auch tatsächlich eintreten.
Ehepaare fragen sich meiner Erfahrung nach viel zu selten, wie sie ihren Lebensstil verändern sollen, wenn die Kinder aus dem Haus sind. Man „wurschtelt“ einfach so weiter wie bisher.
Ich staune manchmal, wie viel Kraft Menschen aufzubringen bereit sind, damit etwas so bleibt, wie es ist, und sich nichts ändert. Ist es nicht enorm kräftezehrend, wenn man mit aller Gewalt an Altem festhält? Mir ist durchaus bewusst, dass es – vor allem im Alter – schwer ist, jene Wege zu verlassen, auf denen man doch so glücklich war. Auch für mich ist es beispielsweise kein angenehmer Gedanke, irgendwann aus dem Pfarrhaus ausziehen zu müssen, in dem ich seit so vielen Jahren glücklich lebe.

Das ist eine Frage, die mich seit meiner Kindheit beschäftigt: Weshalb haben wir Menschen (ich nehme mich da keinesfalls aus) oft so große Angst vor Veränderun-

gen? Sind die Ängste vor Veränderungen nicht letztlich nur eine andere Form von Zukunftsangst? Oder ist es das mangelnde Vertrauen in die eigene Fähigkeit, mit Problemen richtig umzugehen? Sind Zukunftsängste von gläubigen Christen nicht auch ein Misstrauen in die Fügungen Gottes, der uns versprochen hat, bei uns zu sein alle Tage unseres Lebens, und der sich weitaus inniger um uns kümmert, als wir es oft merken?
Mein Rat: Wer Angst vor Veränderungen hat, der sollte einmal seinen Glauben an Gottes Fügungen überprüfen. Aber nicht nur das, denn was die Ängste betrifft, so kann ich für mein bisheriges Leben nur sagen, dass ich mir die meisten Ängste hätte sparen können. Das meiste, vor dem ich Angst hatte, kam schließlich doch anders, als ich es befürchtet hatte. Wie oft habe ich wie ein Häschen in der Grube dagesessen und mir vorgestellt, wie etwas werden würde? Wenn man diesen Ängsten nicht Einhalt gebietet, dann können daraus reine Horrorszenarien werden, die jede Zukunft verbauen. Ängste führen dazu, dass man vor der Zukunft steht wie das berühmte Kaninchen vor der Schlange.
Manchmal hilft es, wenn man sich sagt, dass die meisten Dinge, vor denen man Angst hatte, gar nicht eingetreten sind.
Daraus folgt, dass die allermeisten Ängste, die Menschen haben, überflüssig sind.

Bleiben Sie nicht, wie Sie sind – Da ist noch Luft nach oben ...

Schon wiederholt habe ich von Menschen, die mir ein gutes Wort sagen wollten, den Satz gehört: „Herr Pater, bleiben Sie, wie Sie sind."
Ich weiß, dass das nett gemeint ist, aber so ganz wohl fühle ich mich nie, wenn ich so etwas höre. Offen gestanden möchte ich nicht so bleiben, wie ich bin. Ich möchte mich ändern. Ich möchte besser werden, möchte innerlich reifen, so werden, dass ich bestimmte Charakterschwächen überwinde und so weiter.
Ich habe aber auch schon das Gegenteil dieses wohlmeinenden Satzes gehört, nämlich dass ich mich nicht mehr ändern werde. Meist kommen solche resignativen Vorwürfe in Streitsituationen oder später im Gespräch über einen erlebten Konflikt.
Auch das macht mich ratlos.
Einmal wird die Tatsache, so zu bleiben, wie ich bin, positiv gewertet, ein anderes Mal negativ.
Man kratzt sich ratlos am Kopf und fragt sich: Ja wie denn nun? Ändern oder nicht?
Was soll man ändern und was soll bleiben?
Ich stelle immer wieder fest (und ich nehme mich da nicht aus): Viele Menschen wären gern ein anderer, aber wenige Menschen sind fähig, sich zu ändern.
Man muss kein Theologe sein, um zu wissen, dass Veränderungen Potenzial für beides in sich tragen: Sie können einen Menschen entweder in ungeahnte Ängste treiben oder sie können ihn zum Neuaufbruch anspornen.
Die Angst vor Veränderungen ist zunächst einmal natürlich. Aber zugleich sollte man wissen, dass die Angst

vor Veränderungen immer Zukunftsangst ist. Sie bezieht sich auf etwas, das noch kommen wird. Deshalb ist die Angst vor Veränderungen immer sehr vage. Sie bleibt unbestimmt und undefinierbar. Der Mensch weiß nicht, was ihn in Zukunft glücklich oder unglücklich machen wird.
Ich gebe Ihnen dazu gern einen Tipp. Er basiert auf der schlichten Erkenntnis, dass ich mir in meinem Leben die meisten Ängste hätten sparen können, weil sie sich auf Zukünftiges bezogen, das in der Form, wie ich es befürchtet hatte, gar nicht eingetreten ist.
Wenn jemand Angst vor Veränderungen hat, dann muss er seine Angst verändern! Zukunftsangst ist in den allermeisten Fällen unbegründet.
Die Veränderungen, auf die es im Letzten ankommt, müssen niemanden ängstigen. Es geht um Verbesserungen des eigenen Charakters und Ichs.
Es geht darum, empfindsamer zu werden, empathischer, verstehender – kurz: liebevoller. Die Liebe aber ist nach oben offen. Das heißt: Man kann immer noch mehr lieben und – das vor allem – man kommt in der Liebe nie an einen Punkt, an dem man sich selbstzufrieden zurücklehnen und sich sagen könnte: Jetzt liebe ich genug. Nun bin ich an einem Punkt angekommen, an dem ich in der Liebe nicht mehr wachsen kann.
Der Ansporn zu Veränderungen hat letztlich immer seinen Ursprung in den Anforderungen der Liebe.

Das Böse und die menschliche Schwäche – Wer ist schuld?

Hin und wieder kommt es vor, dass mir Menschen in Gesprächen zu rasch und unkritisch erzählen, sie hätten in der und der Weise mit dem Teufel zu tun gehabt. Es ist in religiösen Kreisen gar nicht so selten, dass Menschen einem von irgendeiner Verfehlung berichten und dann gleich begründen, diese Verfehlung sei aus dem und dem Grunde zustande gekommen. Es wirkt, als würden sie gleich von sich ablenken und dem Teufel die Schuld zuschieben, damit sie sich selbst nicht für das, was sie getan haben, verantworten müssen.

Wenn ich spüre, dass Menschen so denken, dann bin ich immer sehr kritisch. Ich glaube nicht, dass man dem Bösen bei jeder (kleinen) Sünde direkt begegnet. Der Böse bleibt gern im Dickicht. Es reicht ihm vollkommen, wenn er auf die Schwächen des Menschen zurückgreifen kann. In der gesamten christlichen Tradition wird es dem Bösen nur in ganz wenigen Ausnahmefällen gestattet – und das auch nur bei den größten Heiligen! – direkt auf den Plan zu treten.

Wenn wir für alle Fehler und Sünden immer gleich den Bösen verantwortlich machen, dann verhindern wir dadurch, dass der schwache Mensch sich mit seinen Schwächen an Gott wendet.

Natürlich ist es für keinen Menschen angenehm, sich mit seinen Fehlern, Schwächen und Sünden auseinanderzusetzen. Aber jeder Mensch ist nun mal auch ein Sünder und jeder muss sich damit auseinandersetzen, dass er Böses tut (auch wenn er es nicht will).

Es gibt Schuld, die können wir nicht einfach von uns

weisen und einen anderen – den Bösen – dafür verantwortlich machen.
Im religiösen Leben ist es erforderlich, dass der Mensch seine Fehler erkennt und dass er sie sich von Gott vergeben lässt. Gott braucht nicht unsere Ausreden und Schuldzuweisungen, sondern unser Vertrauen auf seine Liebe und sein unfassbares Erbarmen mit uns schwachen Menschen.
Wer glaubt, er könne vor Gott seine Schwächen verbergen und er bräuchte sie Gott nicht mit der Bitte um Vergebung und Erbarmen hinzuhalten, der hat vom Erbarmen Gottes noch nicht viel verstanden.
Wer einen langen und schonungslos selbstkritischen geistlichen Weg geht, der wird schon im Laufe von Jahren und Jahrzehnten die „Spuren des Bösen" in seinem Leben erkennen. Noch mehr wird er aber die Spuren des barmherzigen Gottes in seinem Leben wahrnehmen. Er wird erkennen, dass die immer größere Liebe Gottes und seine große Geduld mit uns Menschen uns mehr formt, als die Sünde uns zu verformen vermag.

Neuevangelisierung – Nach außen und nach innen

Bei einem Glaubenstag mit Jugendlichen, die sich auf die Firmung vorbereiteten, sprachen wir in Kleingruppen übers Gebet. Angesichts dessen, was ich selbst in meiner Austauschgruppe erlebt habe und was die anderen Gruppenleiter aus ihren berichteten, steht es nicht gut um das Gebetsleben unserer Jugendlichen. In meiner Gruppe waren elf junge Leute zwischen 13 und 15 Jahren. Nur

ein Mädchen sagte in dem Gespräch, dass es täglich bete. Die anderen sagten zwar auch, dass sie dann und wann beten würden, aber es war spürbar, dass sie bereits weitgehend den Kontakt zu Gott verloren hatten. Diese Erfahrung machen wahrscheinlich alle, die in der Seelsorge tätig sind.
Zwar spricht die Kirche angesichts solcher Zustände gerne von Neuevangelisierung, aber es bleibt die Frage, wie diese ganz konkret vor Ort aussehen soll.
Etwas weiter gefasst muss man sich doch fragen, ob wir überhaupt eine alltagstaugliche Spiritualität haben, die wir den Menschen an der Basis glaubhaft vermitteln können? Eine Spiritualität für die Gehetzten, die Ruhelosen, für die Rastlosen und Getriebenen, für die Manager und Führungskräfte mit ihren 70-Stunden-Wochen, für die Mütter mit ihrem 24-Stunden-Tag, für die vom Personalmangel aufgeriebenen Krankenschwestern, für die Ärzte, die mit roten Augen aus den Notdiensten kommen, für die nächtlichen Taxifahrer, die Wochenendarbeiter, die unterbezahlten Gelegenheitsjobber, für die Lehrer am Ende ihrer Kraft – für alle, die fiebrig und rastlos durch den Tag jagen. Für die Hektischen, die Überreizten, die Ruhelosen und chronisch Überlasteten, für die Menschen, die sich morgens und abends mit blassen Gesichtern zu Tausenden durch die U-Bahnschächte unserer Großstädte drücken, für die Scharen von Wartenden in den überhitzten Hallen unserer Flughäfen mit ihrer trockenen Luft, für die einsamen Pendler, die auf den fleckigen Polstern der Vorstadtzüge sitzen, eine Spiritualität für die nervösen Autofahrer, die Tag für Tag im Stau des Berufsverkehrs stehen und sich die Fingernägel

wundkauen vor Überreizung, eine Alltagsspiritualität für all jene, die im Räderwerk eines globalen Turbokapitalismus zu funktionieren versuchen. Wenn wir eine solche alltagstaugliche Spiritualität nicht wirklich haben, was wird aus unserer Welt werden?
Zur vielbeschworenen Neuevangelisierung Europas gehört meines Erachtens erst einmal die brennende Frage, welche Spiritualität die Menschen von uns vermittelt bekommen sollen. Ein Auflebenlassen des Mittelalters scheint doch offenbar, nicht der richtige Weg zu sein.
Unlängst sprach ich mit einem Mitbruder über dieses Problem, dass die Kirche zurzeit den Menschen keine alltagstaugliche Spiritualität vermitteln könne. Daraufhin antwortete er mir, dass das so nicht stimme. Er beispielsweise habe gerade gestern mit einem jungen Mann gesprochen, der ihm gesagt habe, er bete täglich ein *Vaterunser* und ein *Gegrüßet-seist-du-Maria*. Daraufhin antwortete ich ihm: „Das hat doch mit Spiritualität nichts zu tun." Ich bin mir sicher, dass er nicht im Geringsten nachvollziehen konnte, was ich meinte. Es war ein kurzes Gespräch und doch offenbart es die große Kluft, die wir überall spüren und die uns immer wieder zu der Frage führt: Zu welcher geistlichen Haltung sollen wir die Menschen führen, die uns in der Seelsorge anvertraut sind? Reicht es uns, wenn sie täglich ein Vaterunser beten?

Mut zur Direktheit – Klare Worte von der Kanzel

Ein alter Freund von mir – den ich allerdings seit Jahrzehnten aus den Augen verloren habe – hat an seiner ersten Kaplanstelle Ende der 80er-Jahre in einer Predigt einmal gesagt: „Gott lässt sich nicht von jedem verarschen, der daherkommt und meint, sich das Heil erschleichen zu können."

Das wurde sofort dem entsprechenden Ordinariat zugetragen. Er musste sich dort verantworten und Rechenschaft geben. Er bekam einen Anschiss und ihm wurde gesagt, dass diese Art der Vulgärsprache nichts in einer Predigt verloren habe.

Interessanterweise hat die Presse das Ganze völlig anders aufgegriffen. Dort wurde er bejubelt. Große Artikel (die er mir seinerzeit zuschickte) mit Überschriften wie „Deutliche Worte von der Kanzel". Kurz gesagt: Die Vorgesetzten im Ordinariat waren entsetzt. Die Leute fanden es gut.

So weit hatte sich schon vor 30 Jahren die Kirche von dem entfernt, was das Volk verstehen kann. Die Menschen vertragen deutliche Worte besser als diese realitätsferne Salbaderei.

Ich habe in einem interessanten Buch[2] über das Problem mit der Binnensprache der Kirche Folgendes gelesen:

„Ich will wissen, wie man denn erfährt, dass man nicht mehr alles sagen darf. Bekommt man einen Brief oder wird einem das am Anfang gesagt? – Es wird tatsächlich ziemlich direkt adressiert. Im Personalgespräch wird man schnell mal auf etwas, was man privat kommuniziert hat, angesprochen und ermahnt, so etwas nicht mehr zu sa-

[2] Erik Flügge, Der Jargon der Betroffenheit – Wie die Kirche an ihrer Sprache verreckt, Kösel 2016.

gen. Oder man bekommt den Hinweis, man sollte dringend lernen, sich diplomatischer auszudrücken. Sprich: Bloß keine Position vertreten und keine allzu deutliche Meinung artikulieren. Man hat nur das zu sagen, was die Rolle vorsieht, nicht das, was man denkt" (S. 52).
Und weiter unten: „Das erste innerkirchliche Ziel ist es, möglichst wenige Widerstände zu aktivieren" (ebd.).
Der Autor beschreibt hier etwas, was ich selbst schon mehrfach erfahren habe. Es scheint eine der typischen Strukturen der Kirche zu sein, die er aufzeigt. Ich kann das absolut, zu 100 % bestätigen – aus eigener Erfahrung, im Orden, im Umgang mit kirchlichen Vorgesetzten und dem Ordinariat: Man hat sich als Pfarrer still zu verhalten, darf niemanden stören in seiner eingelullten Selbstgerechtigkeit, keinen aufschrecken oder gar wehtun.
Die Gläubigen haben es sich anscheinend bequem eingerichtet mit einer Kirche, die niemandem auf die Füße treten will. Es hat sich in der Kirche ein kommunikatives System der Sprachlosigkeit entwickelt, in dem Predigten und Bischofsworte, Verlautbarungen und Schreiben bis zur Unkenntlichkeit glattgeschmirgelt sind, sauber verputzt, ohne Leidenschaft und ohne Enthusiasmus. Klare und deutliche Worte sind nicht erwünscht. Was jemand zu sagen hat, das wird heruntergespult in einen sprachlichen Niedrigvoltbereich, der keinen Schaden anrichtet.
Und was noch schlimmer und vor allem entmutigender ist: „Eine Änderung des Systems ist nicht in Sicht. Diejenigen, die neu in das System kommen, müssen denen, die bereits erfolgreich im System sind, gefallen. Das gelingt besonders dadurch, dass man sich diesen gegenüber ähnlich verhält. Man benutzt eine ähnliche Sprache, benutzt

ähnliche Argumentationsmuster ... So entsteht ein sich selbst ständig reproduzierendes System, an dessen Spitze Menschen stehen, die viele Jahre innerkirchliche Diplomatie gelernt haben und nur noch schwer aus ihrer eigenen Haut herauskönnen.
Das Resultat sind allerorten abgeschliffene Sätze, die keine klaren Thesen erkennen lassen. Keine Ecke, keine Kanten, schlicht Einheitsbrei, der keinem wehtut" (ebd. 53).

Zu Streit und Fehlern stehen – Angefangen bei Petrus und Paulus

Vor einigen Jahren habe ich eine Paulusbiografie im Stil eines historischen Romans geschrieben. Ziel war es, Menschen anzusprechen, die sich mit dem Leben dieses Missionars näher befassen möchten und denen es nicht genügt, bei Wikipedia eine mehr oder weniger wissenschaftliche Biografie über ihn zu lesen.
Hin und wieder werde ich auf das Buch angesprochen. Eine der häufigsten Reaktionen ist die Ansicht, dass sich ja seit damals an den Zuständen in der Kirche nicht viel geändert habe. Ich kann diese Reaktion verstehen, denn viele Menschen sind angesichts der Paulusbiografie überrascht, wie heftig Petrus und Paulus aneinandergeraten waren und dass sich Petrus und Paulus nach dem großen Streit in Antiochia mutmaßlich aus dem Weg gegangen sind.
Eine der Schriftstellen, die diese Auseinandersetzung beschreiben, ist im Galaterbrief zu finden: „Als dann Petrus nach Antiochia kam, trat ich ihm Auge in Auge entge-

gen, weil er im Unrecht war ... Als ich nun sah, dass sie nicht recht wandelten nach der Wahrheit des Evangeliums, sagte ich in Gegenwart aller zu Petrus: Wenn du als Jude heidnisch und nicht jüdisch lebst, wie kannst du da die Heiden zwingen, jüdischen Brauch zu beachten?" (Gal 2,11+14)

Die Menschen haben eine spürbare Sehnsucht nach Geschichten, die gut ausgehen, nach Frieden und Harmonie. Die Kirche hat dieses Bedürfnis jahrhundertelang bedient. Noch heute kann man in Rom eine Kerkerzelle besichtigen, in der Petrus und Paulus gemeinsam gesessen haben sollen.

Die lange und traurige Geschichte der Vertuschung von allem, was dem Selbstbild der Kirche widerspricht, beginnt schon kurz nach dem Tod Jesu, zu einer Zeit, als die meisten seiner Apostel noch lebten. Von diesem Streit zwischen Petrus und Paulus berichtet nur Paulus selbst.

Lukas, der Paulus ja persönlich kannte, schreibt als Autor der Apostelgeschichte kein Sterbenswörtchen über diese direkte Auseinandersetzung zwischen Petrus und Paulus in Antiochia. Lukas erwähnt nicht einmal, dass Petrus persönlich in Antiochia war.

Wen wundert es da, dass die Kirche im Laufe der Zeit sonst noch vieles, was ihrem Selbstbild widerspricht, vertuscht hat?

Dienstleister Kirche? – Das Ganze ist mehr als die Summe der Teile

Eine der einschneidenden Veränderungen, die ich über all die Jahre im Dienst als Pfarrer bei den Gläubigen festgestellt habe, ist das Bedürfnis mitzureden. Dieses entspringt wahrnehmbar dem Verlangen, nicht übergangen zu werden.

In dem Zusammenhang scheint mir zugleich, eine hohe Abwehr der Kirche gegenüber darin vorzuherrschen, dass diese sich nicht in die „privaten" Angelegenheiten der Gläubigen einzumischen habe. Etwas überzogen könnte man diese Haltung so zusammenfassen: Man will überall mitreden und mitbestimmen, aber man will sich gleichzeitig nichts sagen lassen.

Das erzeugt eine schwierige Situation vor Ort.

Die Kirche erscheint nicht als Ratgeber, sondern als Dienstleister. Es wird ihr nicht zugestanden, dass sie sich auch mal einmischt und eine gewisse, gesunde Unruhe bringt.

Die Leute scheinen sich am wohlsten zu fühlen, wenn die Kirche sie in Frieden lässt und sich mit ihren Ansichten zurückhält.

Man erwartet von der Kirche so wenig Einmischung in die privaten Angelegenheiten wie vom Bäcker, bei dem man morgens seine Brötchen holt. Sollte sich der Bäcker aber dennoch die Frechheit herausnehmen, seine Meinung zum Privatleben eines Kunden zu sagen, dann geht man eben das nächste Mal zu einem anderen Bäcker.

Genauso ist es mit der Kirche: Die Gläubigen halten sich für Kunden, die eine Dienstleistung bekommen. Mehr nicht.

Kirche ja – aber nur, wenn man sie braucht. In diesen Denkmustern erscheint die Kirche allenfalls als Ratgeber, den man aufsucht, wenn man einmal nicht mehr weiter weiß.

Hinter dieser Ansicht verbirgt sich ein Kirchenbild, das mit dem der Theologie nicht viel zu tun hat. Dass wir alle Kirche sind und alle Gläubigen den Leib Christi bilden, scheint nahezu vollständig aus dem Glaubenswissen verschwunden zu sein.

Kirche ist mehr als ein Ratgeber oder ein Dienstleister in Sachen Sakramente und persönliche Lebensfeiern. Sie ist eine Gemeinschaft von Glaubenden, d. h. von Menschen, die um ihre Erlösungsbedürftigkeit wissen.

Wenn Kirche von den Gläubigen nur noch in Einzelfällen gebraucht wird, dann wird sie um ihre wahre Dimension beschnitten.

Kirche bildet sich als Gemeinschaft derer, die um ihre wesentliche Dimension wissen: eine Rückbindung (lat.: re-ligio!) an Gott, den Schöpfer, und an Jesus Christus, den Erlöser.

Auch für die Kirche gilt, dass ihre Ganzheit mehr ist als die Summe ihrer Teile (sprich: Mitglieder). Die Kirche ist ein Geschenk Gottes an die Menschen und sie ist – was heute weitgehend in Vergessenheit geraten ist – ein Heilsinstrument Gottes.

Ich frage mich immer wieder, wie wir es schaffen, den Gläubigen zu vermitteln, dass sie etwas davon haben, zur Kirche zu gehören.

Wer zur Kirche gehört, hat in seinem Wesen Anteil am Göttlichen, so wie jeder einzelne Musiker eines Sinfonieorchesters teil hat an dem Ganzen der Musik, die dieses

Orchester hervorbringt. Denn auch ein Sinfonieorchester ist als Ganzes mehr als die Summe seiner einzelnen Ensemblemitglieder.

Nachwort: Dazwischen oder am Ende?

Vor 30 Jahren hat der kürzlich verstorbene katholische Pfarrer und Lyriker Lothar Zenetti geschrieben:

Frag hundert Katholiken
was das wichtigste ist
in der Kirche.
    Sie werden antworten:
    Die Messe.

Frag hundert Katholiken
was das wichtigste ist
in der Messe.
    Sie werden antworten:
    Die Wandlung.

Sag hundert Katholiken
dass das wichtigste in
der Kirche die Wandlung ist.
    Sie werden empört sein:
    Nein, alles soll bleiben
wie es ist!

In dieser Spanne existieren wir Menschen. Irgendwie scheint das ganze Leben ein „Dazwischen“ zu sein.

Auch die Gedanken in diesem Buch spiegeln den Zustand des „Dazwischen" wider. Mehr noch: Sie spiegeln in dem, was mir beruflich begegnet, etwas wider von meiner eigenen Existenz. Vielleicht könnte ich sagen, dass sich mein gesamtes Leben – in nicht recht greifbarer, aber eben doch zutiefst spürbarer Weise – zwischen Resignation und Hoffnung abspielt, zwischen Wirklichkeit und Möglichkeit, zwischen Heimatlosigkeit und Geborgenheit – und ich könnte diese Aufzählung unendlich lange fortführen.
Was aber bleibt am Ende? In welchem Grundgedanken bündelt sich das, was Sie in den Kapiteln und Abschnitten dieses Buches gelesen haben?
Ich bin kein Freund von zu starken Vereinfachungen. Denn eines ist mir klar: In die schillernde Vielfalt der Begegnungen, der Kämpfe, der Auseinandersetzungen, des Freuds und Leids – kurz: in all das, was man als Pfarrer in einem langen (Berufs-)Leben erfährt – lassen sich schwerlich die starren Korsettstangen monokausaler Begründungen einziehen.
Insofern mag ich das Wort „Dazwischen" sehr, denn es drückt aus, was ist und sagt zugleich auch, was nicht ist. Man muss den Mut haben – wir alle müssen diesen haben –, das „Dazwischen" unserer eigenen Existenz nicht ständig in eine Eindeutigkeit auflösen zu wollen, die es im richtigen Leben nicht gibt.
Diese Eindeutigkeit und Identität ist ein ferner Sehnsuchtsort, den man in dieser Welt nur in seltenen Augenblicken erahnt oder der einem kurz aufblitzt, gefolgt von einem schmerzlichen Heimweh nach jenem Ort, an dem man noch nie war.

Der Schriftsteller, Dramatiker und Lyriker Thomas Brasch hat das merkwürdig Unbefriedigende des „Dazwischen" einmal in einem wunderbaren kleinen Gedicht zusammengefasst:

Was ich habe, will ich nicht verlieren,
aber wo ich bin, will ich nicht bleiben,
aber die ich liebe, will ich nicht verlassen,
aber die ich kenne, will ich nicht mehr sehen,
aber wo ich lebe, da will ich nicht sterben,
aber wo ich sterbe, da will ich nicht hin:
Bleiben will ich, wo ich nie gewesen bin.

Und dennoch muss ich mir die Frage stellen, worauf es ankommt, was bleibt, was wirklich wichtig ist. Ich stelle mir diese Frage umso häufiger, je älter ich werde. Die Antwort aber läuft auf eine andere Frage hinaus: Ist es nicht am Ende vielleicht doch nur die Liebe, die zählt?
Bereiten wir Menschen uns nicht ein Leben lang auf eine einzige Frage vor, die Gott jedem stellt: „Hast du geliebt mit deinem ganzen Herzen, mit deiner ganzen Seele, mit deinem ganzen Verstand und mit all deiner Kraft – dich selbst, deinen Nächsten und mich, deinen Gott?"
Ich würde antworten: „Es war immer zu wenig – aber ich habe es wenigstens versucht. Oft ist es mir misslungen, oft habe ich nicht die Kraft zum Lieben gehabt, oft habe ich gezweifelt, gerungen und gehadert, ich habe gesündigt und mich verirrt – aber letztlich habe ich die Liebe nie aus dem Blick verloren."

Und dann bleibt eines am Ende, von dem ich noch Zeugnis geben möchte: Was mich durch all die Jahre getra-

gen hat, ist eine besondere Form des Gebets. Die alten Wüstenväter nannten es in den ersten Jahrhunderten das „Beten mit *einem* Wort". Teresa von Ávila sprach im Mittelalter vom „inneren Gebet" und andere Heilige nannten es das „Herzensgebet". Es ist eine uralte christliche Gebetstradition, die erst wiederentdeckt wurde, als ich ein Jugendlicher von etwa 13 oder 14 Jahren war. Im Zusammenhang mit dieser großen Wiederentdeckung sprach man – angepasst an den Geist der 70er-Jahre des vorigen Jahrhunderts – von „Meditation".
Im christlichen Bereich ist daraus eine ganz stille, weltweite Bewegung geworden, deren Anhänger sich lose im WCCM zusammengeschlossen haben, der „World Community for Christian Meditation". Ich habe über die christliche Meditation kürzlich zwei Bücher geschrieben: „Führe uns zur Stille" und „Schenke Gott die schönste Stunde des Tages", beide im St. Benno Verlag. Die christliche Meditation hat mir einen großen und kostbaren Schatz erschlossen: das Herzensgebet oder das innere Gebet.
Heute kann ich sagen, dass die christliche Meditation, das Beten mit einem einzigen Wort (dem christlichen Mantra), den geistlichen Urgrund bildet, auf dem ich stehe und von dem her ich lebe. Die christliche Meditation mit diesem wunderbaren Gebetswort „Ma-ra-na-tha!" (aramäisch für: „Komm, Herr Jesus!") gibt mir die Gelassenheit, mit dem „Dazwischen" zu leben. Die Meditation bildet den Ort der Gottesbegegnung: jene geheimnisvolle Stille des Herzens, in der sich zweimal am Tag in einer 30-minütigen Gebetszeit Gott und die Seele auf einzigartige Weise begegnen.
Ich wünsche Ihnen, dass Sie dies einmal erfahren. Es

wird Ihr Leben verändern und Sie nicht mehr loslassen! Die Meditation hat mich gelehrt, dass mein „Dazwischen“ das „Jetzt“ Gottes ist, in dem ich bin.

Hermann-Josef Zoche

Hermann-Josef Zoche

Führe uns zur Stille

Der Weg zur christlichen Meditation

128 Seiten, 12,5 x 19,5 cm, gebunden

ISBN 978-3-7462-5442-5

Sie möchten dem Alltagsstress eine besondere Auszeit entgegensetzen, um wieder mehr zu sich selbst zu kommen? Dieses Buch ist grundlegend zum wichtigen Thema der christlichen Meditation. Diese hat eine lange Tradition in der Geschichte der christlichen Spiritualität. Der Autor führt die Meditation auf ihren Ursprung zurück und zeigt einfache, alltagstaugliche Formen für alle Christen. Anschaulich und anhand eigener Erfahrungen beschreibt Pater Hermann-Josef Zoche, wie man mit einem Mantra das innere Gedankenkarussell anhält und zu wahrer, wohltuender Stille im Alltag findet.